Evelyn Echle

Danse Macabre im Kino.

Die Figur des personifizierten Todes als filmische Allegorie

FILM- UND MEDIENWISSENSCHAFT

Herausgegeben von Irmbert Schenk und Hans Jürgen Wulff

ISSN 1866-3397

1 *Oliver Schmidt*
Leben in gestörten Welten
Der filmische Raum in David Lynchs *Eraserhead*, *Blue Velvet*, *Lost Highway* und *Inland Empire*
ISBN 978-3-89821-806-1

2 *Indra Runge*
Zeit im Rückwärtsschritt
Über das Stilmittel der chronologischen Inversion in *Memento*, *Irréversible* und *5 x 2*
ISBN 978-3-89821-840-5

3 *Alina Singer*
Wer bin ich? Personale Identität im Film
Eine philosophische Betrachtung von *Face/Off*, *Memento* und *Fight Club*
ISBN 978-3-89821-840-5

4 *Florian Scheibe*
Die Filme von Jean Vigo
Sphären des Spiels und des Spielerischen
ISBN 978-3-89821-916-7

5 *Anna Praßler*
Narration im neueren Hollywoodfilm
Die Entwürfe des Körperlichen, Räumlichen und Zeitlichen in *Magnolia*, *21 Grams* und *Solaris*
ISBN 978-3-89821-943-3

6 *Evelyn Echle*
Danse Macabre im Kino
Die Figur des personifizierten Todes als filmische Allegorie
ISBN 978-3-89821-939-6

In Vorbereitung:

Ingo Lehmann
Ziellose Bewegungen und mediale Selbstauflösung im absurden „Genrefilm-Theater" Monte Hellmans
ISBN 978-3-89821-917-4

Miriam Grossmann
Schauspieler • Person • Figur
Die Darsteller in Eric Rohmers Filmen *Pauline à la plage*, *Les nuits de la pleine lune* und *Le rayon vert*
ISBN 978-3-89821-944-0

Tobias Sunderdiek
"The Wonderful Wizard of Oz" – Verfilmungen eines Kinderbuchklassikers
ISBN 978-3-89821-960-0

Peter Klimczak
40 Jahre "Planet der Affen". Zeitgeist- oder Reihenkompatibilität – über Erfolg und Misserfolg von Adaptionen
ISBN 978-3-89821-977-8

Evelyn Echle

DANSE MACABRE IM KINO

Die Figur des personifizierten Todes als filmische Allegorie

ibidem-Verlag
Stuttgart

Bibliografische Information der Deutschen Nationalbibliothek
Die Deutsche Nationalbibliothek verzeichnet diese Publikation in der Deutschen Nationalbibliografie; detaillierte bibliografische Daten sind im Internet über http://dnb.d-nb.de abrufbar.

Bibliographic information published by the Deutsche Nationalbibliothek
Die Deutsche Nationalbibliothek lists this publication in the Deutsche Nationalbibliografie; detailed bibliographic data are available in the Internet at http://dnb.d-nb.de.

Umschlagsbild: Bernhard Goetzke in DER MÜDE TOD (Deutschland 1921) mit freundlicher Genehmigung des Filmmuseum Berlin/Stiftung Deutsche Kinemathek

∞

Gedruckt auf alterungsbeständigem, säurefreien Papier
Printed on acid-free paper

ISSN: 1866-3397

ISBN-10: 3-89821-939-9
ISBN-13: 978-3-89821-939-6

Printed in Germany

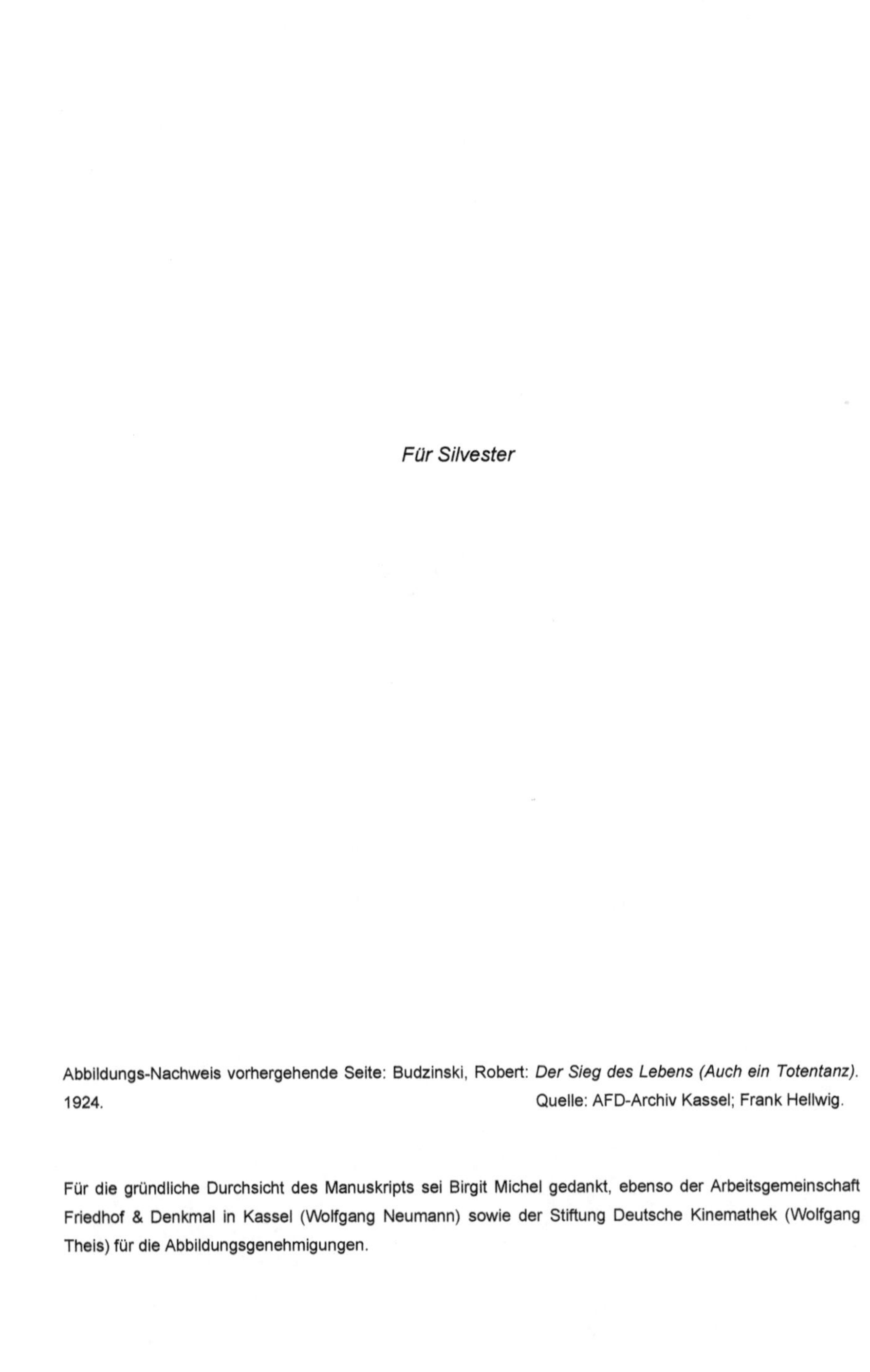

Für Silvester

Abbildungs-Nachweis vorhergehende Seite: Budzinski, Robert: *Der Sieg des Lebens (Auch ein Totentanz).* 1924. Quelle: AFD-Archiv Kassel; Frank Hellwig.

Für die gründliche Durchsicht des Manuskripts sei Birgit Michel gedankt, ebenso der Arbeitsgemeinschaft Friedhof & Denkmal in Kassel (Wolfgang Neumann) sowie der Stiftung Deutsche Kinemathek (Wolfgang Theis) für die Abbildungsgenehmigungen.

Inhaltsverzeichnis

A. Einleitung

Am Anfang stand die Idee, filmanalytisch einen Topos zu untersuchen, der in allen Referenzdisziplinen der Filmwissenschaft einen wohl erforschten Diskurs aufweist: den Totentanz. Gleichwohl sich in solchen Studien immer wieder kinematographische Querverweise finden[1], zeigte sich schnell, dass innerhalb der Filmwissenschaft selbst das Thema Totentanz einer „Terra incognita" gleicht.

Obschon der Tod im Kino nicht nur als inhaltliches Motiv untersucht worden ist, sondern ebenso im Hinblick auf narrative Strukturen[2], auf die Visualisierungen des Todesmoments oder auch auf das rein technische Festhalten des Moments auf Zelluloid, ist der Auftritt des Todes als Akteur in Anlehnung an die kunsthistorische Tradition des Totentanzes[3] filmanalytisch bislang wenig gewürdigt worden. Das erstaunt, ist doch ein nicht unerhebliches Korpus an Spielfilmen diesem Thema gewidmet. So findet sich ein frühes Beispiel des filmischen Totentanzes bereits 1898 bei den Gebrüdern Lumière in deren Trickfilm LE SQUELETTE JOYEUX.

---

[1] Vgl. beispielsweise Wunderlich, Uli (2001): *Der Tanz in den Tod. Totentänze vom Mittelalter bis zur Gegenwart*. Freiburg. Kasten, Friedrich W. (1987): *Totentanz. Kontinuität und Wandel eines Bildthemas vom Mittelalter bis Heute*. Katalog zur Ausstellung des Mannheimer Kunstvereins. Mannheim

[2] Tode im Film sind in den Genres verschieden gesetzt und interpretiert. Während das Töten und Sterben in Horrorfilm, Actionfilm, Mafiafilm etc. eher untergeordnet ist und dem narrativen Fortgang dient, wird in Filmen über Suizid, tödliche Krankheiten (bspw. PHILADELPHIA, 1993) oder Sterbehilfe (MAR ADENTRO, 2004) der Tod meist narrativkohärent, einer Klimax gleich, ans Ende gesetzt Gelegentlich finden sich auch makaber-komische Plots über das Sterben und Töten (WILBUR WANTS TO KILL HIMSELF, 2002). Filmsprachliche Mittel zur Darstellung des Todes sind Ellipsen, Metaphern oder Metonymien, da der Tod an sich – im Gegensatz zu Krankheit, Trauer oder dem Akt des Tötens – als nicht darstellbar gilt. Vgl. dazu auch Karpf, Ernst [et al.] [Hrsg.] (1993): *Kino und Tod. Zur filmischen Inszenierung von Vergänglichkeit*. Marburg. Schüren. (Arnoldshainer Filmgespräche 10.)

[3] Der Totentanz ist eine Vorstellung und Bildfindung des Mittelalters. Der Tod erscheint auf unterschiedliche Art: Als Hautskelett, Knochenmann oder Spielmann. Die Bilder sind begleitet von Versen, die meist Dialoge zwischen Tod und dargestelltem Menschen zum Inhalt haben. Ebenfalls Element vieler Totentanzbilder ist der so genannte Memento-Mori-Gedanke, also „Bedenke, dass du sterben musst". Die ersten mittelalterlichen Totentänze entstehen ab 1350. Holbein löst die mittelalterliche Tradition 1538 mit seiner Darstellung von Totentänzen auf und leitet über zu einer neuzeitlichen Interpretation.

Filmhistorisch betrachtet löst sich die Figur des personifizierten Todes in Anlehnung an Märchen-Motive und phantastische Plots mehr und mehr aus ihrer bloßen piktorialen Allegorik. Sie individualisiert sich auf narrativer Ebene, indem der Schnitter beispielsweise als seines Amtes überdrüssig (DER MÜDE TOD, 1921), als kurz vor dem Ruhestand stehender Kutscher (KÖRKARLEN, 1921), als unangemeldeter Besucher (DEATH TAKES A HOLIDAY, 1934; Remake: MEET JOE BLACK, 1998) oder als Spieler, der sich herausfordern lässt (DET SJUNDE INSEGLET, 1956), „Charakter" erhält.

Doch wie ist diese filmische Figur konzipiert? Inwiefern spielt in ihrer kinematographischen Konstituierung der allegorische Kontext, dem sie entstammt, eine Rolle? Schließlich bedient sich in nahezu allen Beispielen die Mise-en-scène tradierter Symbole wie Stundenglas, Schachbrett oder Schädel. Diese Studie untersucht unter anderem, wie die Narration auf dem Rezipienten-Verständnis solcher Gegenstände aufbaut. Dennoch ist es kein lohnendes Unterfangen, in der Filmanalyse lediglich eine direkte Vorbildlichkeit der Bilder zu diskutieren, obgleich gewisse Affinitäten stets evident sind. Vielmehr stellt die Totentanzidee eine Art Referenzrahmen dar, in dem einzelne Totentanzformulierungen als traditionelle ikonographische Formeln filmisch eine wichtige Rolle spielen, aber insgesamt nur Teil dessen sind, was die Figur des personifizierten Todes im Spielfilm konstituiert und hervorbringt.

Diese Studie stellt die Figur des Schnitters in eine grundsätzlich narratologische Perspektive. Das provoziert Fragen nach deren Konstruktion, die in Verbindung mit dem narratologischen Zugriff zugleich Aspekte der Theorie und Geschichte der symbolischen, respektive der allegorischen Konstruktion ins Spiel bringen: Wie stark stützt sich die Figur auf eine emblematische Todesallegorik? Bleibt sie darauf reduziert oder kann ihr im Laufe der Handlungen des untersuchten Filmkorpus ansatzweise eine *„intellektuelle Physiognomie"* im Sinne Ecos[4] zugeschrieben werden? Gelingt es über das für Allegorien typische Verständnis als symbolische Chiffre hinaus, das heißt in nicht

[4] Vgl. Eco, Umberto (1986): Die praktische Anwendung der literarischen Person. In: *Apokalyptiker und Integrierte*. Frankfurt. Darin findet sich die Definition: „Mit ‚intellektueller Physiognomie' könnte das Gesamtprofil einer Figur gemeint sein, sozusagen ein Schlüsselbildnis, das es dem Leser erlaubt, sie in allen ihren Motiven zu erfassen und sie intellektuell zu begreifen, so als ob er statt einer Erzählung eine psycho-soziohistorische Analyse dieser Figur in den Händen hätte [...]. S. 171 ff.

widersprüchlicher Weise, individualisierte Zugänge zu diesen Figuren zu schaffen? Oder anders formuliert: Geht das Erleben der Figur des personifizierten Todes über die bloße rationale Entschlüsselung hinaus und werden Momente der Unmittelbarkeit erreicht?

Auch die Figurenkonstellation rückt ins Zentrum: Wie interagiert der personifizierte Tod mit den anderen Figuren, hat er das Potential eine einzelne, individuelle Hauptfigur darzustellen? Wie und Was erzählt ein Film, dessen Ausgang durch den Auftritt des Todes am Anfang bereits definitiv feststeht? Und wie stark dient die Allegorik dem narrativen Verständnis?

Zentral ist also die Untersuchung der Figur des personifizierten Todes im Spannungsfeld zwischen der Unmittelbarkeit ihrer somatischen Präsenz und ihrer gleichzeitigen textuellen Abstraktion. Die Frage, wie das Kino speziell diese Momente der Unmittelbarkeit erreicht und wie genau der personifizierte Tod konfiguriert ist, soll unter anderem mit einer narratologischen Herangehensweise beantwortet werden. Dafür klärt ein theoretischer Teil zu Beginn verschiedene Konzepte der filmischen Figur – sowohl als wissenschaftlicher Gegenstand wie auch als Analysekonzept. Das Erleben der Figur des personifizierten Todes geht im Film über die Dechiffrierung der Allegorik, die indes erhalten bleibt, hinaus. Grundlegend ist die Annahme, dass – anders als im kunsthistorischen Vorbild – es sich beim personifizierten Tod im Spielfilm um ein dynamisches Figurenmodell handelt, anders als im literarischen Text um einen sichtbaren Körper.

Neben dieser narratologischen bietet sich als Doppelperspektive gleichzeitig die allegorische an. Da die Filmwissenschaft per se ein interdisziplinäres Unterfangen ist, können Diskurse aus Literaturwissenschaft und Kunstgeschichte helfen, die Bedeutung der Allegorik zu verstehen. Denn um ein Ergebnis dieser Studie gleich vorwegzunehmen: Die Allegorie im Film ist ein weites Feld – und ein nahezu unbestelltes dazu.

Das ausgewählte Filmkorpus umfasst die drei Beispiele DER MÜDE TOD (Lang, 1921), KÖRKARLEN (Sjöström, 1921) und DET SJUNDE INSEGLET (Bergman, 1956). In diesen Beispielen deutet sich an, dass sich auf kinematographischer Ebene eine Verlagerung der die Totentanz-Idee prägenden Inhalte vollzogen hat: Der Tod wird im Vorbild der mittelalterlichen Malerei und Literatur als eine von verschiedenen Lebenspositionen des Menschen unabhängige Konstante verstanden; er greift selbstständig in den alltäglichen Verlauf des Lebens ein. Dementsprechend bestimmt sein Wirken das szenische Geschehen. Gemäß der traditionellen Totentanzvorstellung agiert der Tod im Ablauf der Weltgeschichte also als ein vom menschlichen Einfluss nicht tangierbares, autonomes Absolutum. In der filmischen Variante zeigt sich hingegen, dass die Figur des Todes vielfach menschlich-individualisiert und mit moralisch-ethischen Vorstellungen besetzt wird. Der Schnitter als filmischer Akteur, so die These, oszilliert also zwischen narrativen Parametern der individualisierten, partiell psychologisierten filmischen Figur und tradierter Allegorik. Wie sich diese beiden Pole konstituieren, wie sie sich bedingen und in der Figur des personifizierten Todes vereinigen, wird im Folgenden untersucht – denn genau darin liegt das Spezifische des kinematographischen Totentanzes.

B. Konzepte der filmischen Figur

I. Die Figur als Knotenpunkt von Verweisen

Bereits die Exposition der drei für die Analyse ausgewählten Filme zeichnet im Kleinen nach, was im historischen Kontext gewachsen ist: Der personifizierte Tod löst sich von seinem mittelalterlichen Vorbild und wird in eine menschlich-individualisierte Figur transformiert. Folgt man dem Konzept von Philippe Hamon, demnach die (literarische) Figur als Knotenpunkt von Verweisen gesehen werden kann[5], so ergibt sich bei der Untersuchung der Filmbeispiele für alle drei Expositionen die gleiche Konstellation: Die Figur ist zunächst als hermetische Instanz inszeniert mit Verweis auf ihre allegorische Ebene. Nach der Exposition wandelt sie sich, und mit dem Wandel hin zu mehr „Charakter"[6] setzt auch die Dynamik der Narration ein. Mit Hamon gesprochen: Erst dann schält sich die Figur aus ihrem rein allegorischen Verweis auf die traditionelle Totentanzdarstellung und wandelt sich zu einer primär fiktionalen Figur. Es wird so möglich, den Tod nicht (nur) als allegorische Personifikation, als Abstraktion eines Absolutums zu sehen, sondern sich mit ihm im Laufe der Narration emotional zu verbinden. Wie genau das geschieht, sei im Folgenden eingehender betrachtet.

In der ersten Sequenz von DER MÜDE TOD wird die Figur des Schnitters zunächst als eine von irdischen Maßstäben unabhängige Instanz inszeniert. Evident bereits in der ersten Kreuzweg-Szene, wenn der schwarzgewandete Tod die Kutsche anhält: Eine halbnahe, statische Einstellung des Schnitters mit erhobenem Stock, dessen Knauf in einer Nahaufnahme als Insignium seiner Herkunft ein Skelett zu erkennen gibt. Es folgt der Schnitt auf die Kutsche, die eben noch in Bewegung, plötzlich still steht. Eine Metapher für das Kino selbst, das an dieser Stelle dynamische Bilder als Charakteristikum für das Medium gegen zwei fixe Einstellungen kontrastiert. Gleichzeitig symbolisiert der erste Auftritt des Todes auf einer zweiten Ebene seine Macht, allem Lebendigen Einhalt zu gebieten.

[5] Vgl. Hamon, Philippe (1977): Pour un statut sémiologique du personnage. In: Genette/ Todorov [Hrsg.]: *Poétique du récit*. Paris. S. 121 f.

[6] Bis zu einer später folgenden narratologisch präziseren Definition des Begriffs Charakter wähle ich die Form mit Anführungszeichen.

Abb1: Der erste Auftritt des personifizierten Todes bei Fritz Lang steht ganz im Zeichen seiner ikonographischen Allegorik: schwarzer Mantel, Skelett-Knauf und Kreuzweg-Motiv.

Zwar schon durch einen Zwischentitel verbal als Tod benannt, verstärkt die dem zeitgenössischen Publikum aus populären Erzählungen und vor allem aus Bildwelten wohlbekannte ikonographische Allegorik (schwarzer Mantel, Skelett-Knauf, Kreuzweg-Motiv) in Verbindung mit dem Kontrast Bewegung/Stillstand den expositorischen Auftritt der Figur (Abb. 1).

Zu diesem Zeitpunkt bereits eingeführt sind die Reisenden in der Kutsche, eine alte Frau und das junge Liebespaar. Bezeichnenderweise ähnelt das Vehikel durch seine schwarze Form einem Leichenwagen. Neugierig durch die jähe Unterbrechung der Reise auf offenem Feld, streckt die junge Frau den Kopf aus dem Kutschenfenster, sieht den Fremden und in einer halbnahen Einstellung zeigt sich ihr erschrockenes Gesicht. In der folgenden, kürzeren Szene spielt sich das Gleiche bei der Alten ab. Die erschrockenen Blicke der beiden Frauen deuten auf die Aura der Gefahr, die den Fremden umgibt. Erkennen die Figuren, wer der schwarz gekleidete Reisende ist? Ihre Reaktionen deuten darauf hin. Während die junge Frau verängstigt Schutz am Arm ihres Bräutigams sucht, ist es allein die Alte, die handelt. Der Zwischenstopp wird für sie zur Fluchtmöglichkeit. In einer relativ langen Einstellung steigt die alte Frau umständlich aus der Kutsche, während der Tod geduldig wartet und zusieht, ihr aber keine Hilfe anbietet. Dass eine Berührung von beiden Seiten verweigert wird, deutet schon die Absichten des Schnitters an: Es ist nicht das Leben der alten Frau, das bald zu Ende sein wird, das ihn interessiert, sondern das Glück der jungen Liebenden. Hier scheint bereits ein profanisiertes Todesverständnis durch, dass Quantität (also die Länge des Lebens) vor

Qualität (der Lebenstiefe) setzt, wird der Tod eines älteren Menschen doch gemeinhin als naturrechtlich gegeben hingenommen, während der eines jungen Menschen als ungerecht empfunden wird. Nachdem die Kutsche die Fahrt fortsetzt, verschwindet die alte Frau, mit einem Blick über die Schulter der Kutsche hinterhersehend, aus dem rechten Bildrand.

In dieser Sequenz schwingt der stetige Unterton mit, der den Eintritt des Todes in das Leben des jungen Paares als nach menschlichen Wertvorstellungen verurteilenswert erscheinen lässt. Die starre Mimik, das finstere Auftreten und nicht zuletzt das „Verschonen" der alten Frau und das sich damit ankündigende Ende des Liebespaares lassen den personifizierten Tod als hermetische Instanz außerhalb der Gefühlswelt erscheinen. Dem Zuschauer sind weder seine Motive noch seine Emotionen erkennbar – grundlegende Voraussetzungen für die Empathie mit einer filmischen Figur fehlen zu diesem Zeitpunkt.

Auch in KÖRKARLEN steht der Tod zunächst der jungen, unschuldigen Heilsarmee-Schwester gegenüber und nicht dem raufsüchtigen Trunkenbold, der für ihre Schwindsucht verantwortlich ist. In DET SJUNDE INSEGLET trifft es den Ritter in den ersten Filmsekunden, direkt nach seiner Rückkehr von einem Kreuzzug. Zwar etwas verhaltener, aber dennoch vorhanden, findet sich hier das gleiche Motiv: Der Tod holt einen Mann, noch bevor er nach dem Kampf für die im christlichen Verständnis „gute Sache" seine Familie wieder sehen kann.

Alle drei Beispiele setzen in ihrer Exposition auf diese Form einer Todesfigur ohne erkennbare Wesensmerkmale oder anders formuliert: Zu Beginn haftet dem Schnitter nichts Konkretes an, er gleicht einer abstrakten Chiffre. Erst im filmischen Verlauf löst sich dieses Absolute auf, der personifizierte Tod wandelt sich hin zu einem narratologisch beschreibbaren „Charakter", Unmittelbarkeit wird so geschaffen.

Durch diese zu Beginn gesetzte Ambivalenz gegenüber der Figur werden zwei für die Narration wichtige Punkte evident: Zum einen kann sich der Rezipient durch die Allegorik orientieren, in welcher Tradition die auftretende Figur steht. So gesehen weist sie bereits bei ihrem ersten Erscheinen über den Film hinaus, ist also ein lesbares Zeichen. Zum zweiten ist die Möglichkeit gelegt, den so eingeführten Typus des personifizierten Todes im Laufe der Filmhandlung in einen „Charakter" zu überführen.

Um eindeutiger mit dem Glossar zu operieren, beziehe ich mich im Folgenden auf die von Tröhler und Taylor[7] definierten Begriffe, die unterschiedliche Facetten der menschlichen Figur im Spielfilm beschreiben. Der *Typ* splittet sich demnach in zwei Merkmalskategorien:

> „in die außer- und vorfilmische als psychische Ausgangslage der Figur und in die inter- und transkulturelle als mediale, kulturelle Konstruktion. Diese beiden Aspekte des Typs stehen in einem steten Wechselverhältnis. Grundsätzlich aber ist der Typ über körperlich nach außen getragene Merkmale, die mehr oder weniger auffällig (*typisch*) sein können, definiert und unterscheidet sich dadurch von der Rolle."[8]

Als *Charakter* werden dagegen „die individualisierten psychischen Eigenschaften, die Entwicklungen und Verhaltensweisen einer fiktionalen Konstruktion als Analogon zur ganzheitlichen Person [...]"[9] beschrieben. Es ist das Bündel von Merkmalen, das den Charakter als virtuelles, fiktionales Wesen beschreibbar macht. So betrachtet verfügt der Schnitter in DER MÜDE TOD während der Exposition noch über kein Bündel attributiver Merkmale – außer jenen, die ihm sein allegorischer Kontext bereits einschreibt. Aber: „Der Wirkungskreis des Charakters, seine Wirkungsart, sein ganzes Wesen kann sich innerhalb eines Films verändern, sofern diese Veränderungen (psychologisch oder vom Kontext her) motiviert sind."[10]

Der personifizierte Tod stellt in den von mir gewählten Beispielen gleichzeitig jeweils eine der Hauptfiguren dar und ist damit eine zentrale Instanz für die Ordnung des figuralen Beziehungsgeflechts.

> „Da, zumindest im klassischen Modell, Figur und Handlung immer eng miteinander verbunden sind, definiert die Hauptfigur auch den hauptsächlichen Handlungsstrang (und umgekehrt) und stellt den ausgearbeitetsten Charakter dar, der auch

---

[7] Vgl. Taylor, Henry/ Tröhler Margrit (1999): Zu ein paar Facetten der menschlichen Figur im Spielfilm. In: Heinz B. Heller et al [Hrsg]: *Der Körper im Bild: Schauspiel-Darstellen-Erscheinen*. Marburg. Schüren. S. 137-152. Hervorhebungen im Original.

[8] Ebd., S. 146.

[9] Ebd., S. 141.

[10] Ebd., S. 141-142.

für die emotionale Einbindung der Zuschauer und Zuschauerinnen in den Film stark hervortritt."[11]

Wie sehr jedoch die Narration ebenfalls auf und durch die Figur des personifizierten Todes fokalisiert wird, und wie stark sie kohärenzstiftend wirkt, sind Fragen, die in der jeweiligen Analyse zu klären sind.

Den Begriff der *Figur* verwende ich, wieder in Anlehnung an Taylor und Tröhler, als neutrale Kategorie.

> „Die Figur kann somit attributiv beschrieben werden (*das alles ist die Figur*) wie auch differentiell und dynamisch (d.h. über gewisse Aspekte, die nicht unbedingt gleichzeitig vorhanden sein müssen), und sie ist immer relational (in Bezug auf die anderen Figuren eines Films und den sozialen Kontext der Diegese) zu sehen. Sie definiert sich entlang zweier Achsen, einer paradigmatischen und einer syntagmatischen (die auch ihre filmische Präsenz umfaßt)."[12]

In Beziehung zur Figur des personifizierten Todes gesetzt, bedeutet die paradigmatische Achse also die Intertextualität des allegorischen Vorwissens, die syntagmatische die Intratextualität durch die sukzessive Entwicklung der Figur in der Handlung.

II. Die filmische Figur als wissenschaftlicher Gegenstand

Wie die erste grobe Analyse der Expositionen gezeigt hat, handelt es sich also bei der Figurenkonstruktion des personifizierten Todes um einen dynamischen Prozess innerhalb des Filmverlaufs. Durch welche Parameter er bestimmt wird, wird die Filmanalyse zeigen. Orientierung gibt dabei das von Murray Smith entwickelte Modell zur *Struktur der Sympathie* im Film.[13] Figuren sieht das Modell keineswegs als statische Gebilde an, während des Handlungsverlaufs stellen sie sich vielmehr als variabel dar. Smith selbst entwirft zur Beschreibung der Figurenkonstruktion die Dichotomien menschlich/nicht-menschlich, individualisiert/nicht individualisiert und kontinuierlich/nicht-kontinuierlich. Für ihn markieren diese Gegensatzpaare die Grenzen, zwischen denen sich die Figurenkonstruktion abspielt:

---

[11] Ebd., S.143.

[12] Ebd., S. 149.

[13] Smith, Murray (1995): *Engaging Characters: Fiction, Emotion and the Cinema*. Oxford: Clarendon Press.

„My model attempts to represent and explain the phenomenology of character construction, and the distinctions I have proposed do not represent fixed types, but rather the parameters through which character construction must take place."[14]

Die ersten Ergebnisse aus dem Expositionen-Vergleich unterstreichen Smiths Argument, dass Filmanfänge generell von besonderer Bedeutung für die Figurenkonstruktion sind. Die Rezipienten bauen ihre Erwartungen und Betrachtungsstrategien auf den Informationen der Exposition auf:

„Openings have a special function in our experience of narrative, because we base our viewing strategies and expectations on the information we receive at the beginning of a text, a phenomenon known as the 'primacy effect'."[15]

In der Filmanalyse wird diesem Phänomen also besondere Beachtung zukommen müssen, speist sich doch die Figuren-Exposition des personifizierten Todes in allen drei Beispielfilmen zunächst aus dem Fundus tradierter Allegorik. Aber in welchem Maße lässt dieses „Fundus-Korsett" Raum für Erwartungen und wie werden die Betrachtungsstrategien dadurch nachhaltig gelenkt?

Für die Beantwortung der Fragen können die von Smith entwickelten Überlegungen zum *Personenschema* hilfreich sein. Danach wird das Figurenmodell mit Informationen angereichert, die nicht dem Film entnommen werden müssen, sondern automatisch mit menschlichen Akteuren assoziiert werden. Das Personenschema bezieht sich also nicht auf spezifisch narrative Phänomene, sondern ist vielmehr ein allgemeines Modell menschlicher Kognition, das Grundeigenschaften und -fähigkeiten menschlicher Akteure in einem Schema[16] zusammenfasst.

„A schema is a 'mental set' or conceptual framework which enables us to interpret experience, form expectations, and guide our attention [...]. In constructing charac-

---

[14] Ebd., S. 117. Smith stellt dabei sein Modell gegen die geisteswissenschaftliche Charakterdefinition von Edward M. Forster, der zwischen flachen und tiefen bzw. runden Figuren unterscheidet. Vgl. Forster, Edward M. (1947 [1927]): *Ansichten des Romans*. Frankfurt a.M.

[15] Smith, Murray (1995): *Engaging Characters: Fiction, Emotion and the Cinema*. Oxford: Clarendon Press. S. 118.

[16] Smith's Theorie stützt sich größtenteils auf die Kognitionspsychologie, in der der Begriff des Schemas ein Schlüsselbegriff darstellt.

ters, we begin with this basic schema and revise it on the basis of the particular data in a particular text."[17]

Anders formuliert: Sobald an Personen gedacht oder ihnen begegnet wird, werden ihnen automatisch bestimmte Eigenschaften oder Fähigkeiten zugeordnet, etwa, dass die Person über einen eigenen Körper verfügt, diesen Körper auf Dauer besitzt und sich dadurch von anderen Personen unterscheiden lässt. Aber auch das Zuschreiben von Wünschen, Ansichten, Emotionen oder Charaktereigenschaften auf eine Person ist Teil dieses Schemas. In KÖRKARLEN wird beispielsweise gleich zu Beginn die Figur der Schwester Edit in ihrem Heilsarmee-Habit gezeigt – das Figurenschema ist dadurch klar mit einem karitativen Charakter und der Eigenschaft der Selbstaufgabe aufgeladen.

Das Figurenmodell bildet also die Grundlage, auf deren Basis neue Informationen über die Figur verarbeitet werden, die zu unterschiedlichen Reaktionen führen. Zum einen kann das Figurenmodell den neuen Informationen angepasst werden; in diesem Fall wird es weiter ausgearbeitet. Stellte sich das Figurenmodell aber als unpassend heraus, wird ein neues aufgebaut. Einiges an Information kann unter Umständen aber auch als irrelevant eingestuft werden, in diesem Fall bliebe das Figurenmodell unverändert. Hierzu passt auch die von Smith als *Assimilation* bezeichnete Kategorie: Ist ein Figurenmodell stark ausgeprägt, wird neue Information nur dann verarbeitet, wenn sie in das Modell passt – unpassende Information dagegen wird ignoriert oder „überschrieben".

> „In assimilation, the existing schema overrides the recalcitrant experience by processing what it can of the sense-data and effectively 'ignoring' (not noticing) the rest. As Gombrich writes: if schemata 'have no provisions for certain kinds of information... it is just too bad for the information'."[18]

Smith unterscheidet weiter, dass bei der Ausarbeitung des Figurenmodells wichtig ist, ob die Eigenschaften, die einer Person zugeschrieben werden, temporärer oder permanenter Natur sind (andauernde Eigenschaften werden als Charakterzüge eingestuft), ebenso, ob sie von zentraler oder eher untergeordneter Natur sind.

---

[17] Ebd., S. 21-22.

[18] Ebd., S. 121.

Die Wandlung des personifizierten Todes nach der Exposition hin zu einer Figur, deren Motive und Emotionen für den Rezipienten erkennbar werden, berührt das Herzstück von Smiths' Theorie, die von ihm als *structure of sympathy* bezeichnet wird. Ins Zentrum rückt dabei das emotionale Verhältnis der Zuschauer zu den Filmfiguren.

> „What are the various senses of the term 'identification', and how can they be developed into a systematic explanation of emotional response to fictional characters? My thesis is that we need to break the notion down into a number of more precisely defined concepts. These concepts are, however, systematically related, together constituting what I term the structure of sympathy. Moreover, these basic levels of engagement must be supplemented by concepts accounting for 'empathic' phenomena if a comprehensive theory of 'identification' is to be constructed."[19]

Smith splittet sein Modell einer Struktur der Sympathie in drei Kategorien auf: Wiedererkennung (*recognition*), Ausrichtung bzw. Fokalisierung[20] (*alignment*) und Parteinahme (*allegiance*).

Die erste Kategorie der Wiedererkennung (*recognition*) baut auf der Basis des bereits vorgestellten Personenschemas auf. *Recognition* besteht demnach aus zwei Komponenten: der Individualisierung einer Figur (das bedeutet, die Fähigkeit, eine Figur von anderen Figuren zu unterscheiden, obwohl sie sich auf einer allgemeinen Ebene ähneln) und der Re-Identifikation einer Figur (also die Fähigkeit, eine Figur im zeitlichen Verlauf der Handlung sowie in unterschiedlichen Kontexten wieder zu erkennen). Für beide Komponenten gilt, dass die äußeren, perzeptiven Eigenschaften einer Figur – also deren Gesicht, Körper und für den Tonfilm auch deren Stimme – die vorrangigen Mittel der Wiedererkennung sind. Smith sieht in der Re-Identifikation der Figur ein entscheidendes Element für die Kontinuität:

> „We perceive and conceive of characters as integral, discrete textual constructs. Just as persons in the real world may be complex or entertain conflicting beliefs, so may characters; but as with persons, such internal contradictions are perceived against the ground of (at least) bodily discreteness and continuity."[21]

---

[19] Smith, Murray (1994): *Altered States: Character and Emotional response in the Cinema.* In: Cinema Journal, 33.4, S. 34.

[20] Der Terminus Fokalisierung rekurriert auf Gérard Genette, auf den ich später in diesem Kapitel zurückkommen werde.

[21] Vgl. Smith, Murray (1995): *Engaging Characters: Fiction, Emotion and the Cinema*. Oxford: Clarendon Press. S. 82.

Tauchen Figuren rein verbal beschrieben, also ohne direkte körperliche Präsenz, auf, argumentiert Smith, dass der Rezipient durch die Anwendung des Personenschemas sie dennoch als körperliche Figuren imaginiert. Für die Untersuchung des personifizierten Todes wird diese Kategorie eher eine untergeordnete Rolle spielen, ist die Wiedererkennung der Figur in den gewählten Filmbeispielen doch offensichtlich. Schließlich bleibt das Aussehen des Schnitters in den drei Beispielfilmen während der Handlung nahezu unverändert, kein Auftritt erfolgt beispielsweise ohne den schwarzen Kapuzenmantel. Smiths' Differenzieung der *Recognition* macht aber für jene Filme Sinn, in denen die Wiedererkennung verzögert bzw. bewusst verschleiert oder die Figur aufgelöst wird.

> „*Alignment* describes the process by which spectators are placed in relation to characters in terms of access to their actions and to what they know and feel."[22]

Übersetzt bedeutet *alignment* also soviel wie *Ausrichtung*, in welche Beziehung der Rezipient zu den Figuren gesetzt wird. Dieser Aspekt ist unabhängig von der Frage nach der Zuneigung oder Parteinahme seitens des Zuschauers für die Figur(en). Smiths' Konzept der *Ausrichtung* korrespondiert mit dem literaturwissenschaftlichen Modell der Fokalisierung von Gérard Genette. Allerdings unterscheidet Smith weiter:

> „I propose two interlocking functions, *spatio-temporal attachment* and *subjective access*, cognate with the concepts of narrational range and depth discussed earlier in this chapter, as the most precise means for analysing alignment. Attachment concerns the way in which narration restricts itself to the actions of a single character, or moves more freely among the spatio-temporal paths of two or more characters. Subjective access pertains to the degree of access we have to the subjectivity of characters, a function which may vary from character to character within narrative [...]. Together these two functions control the apportioning of knowledge among characters and the spectator; the systematic regulation of narrative know - ledge results in a *structure of alignment.*"[23]

Der Rezipient erhält durch die *zeitlich-räumliche Bindung* Zugang zu den Handlungen einer Figur. Das *spatio-temporal attachment* bezieht sich also auf die Frage, inwiefern der Film im zeitlich-räumlichen Verlauf an bestimmte

---

[22] Vgl. Smith Murray (1994): *Altered States: Character and Emotional response in the Cinema.* In: Cinema Journal, 33.4, S. 41.

[23] Vgl. Smith, Murray (1995): *Engaging Characters: Fiction, Emotion and the Cinema.* Oxford: Clarendon Press. S. 83. Hervorhebungen im Original.

Figuren gekoppelt ist, ob die Handlung nur einer Figur folgt (*exclusive attachment*[24]) oder ob zwischen verschiedenen Figuren hin und her gewechselt wird (*multiple attachment*). Die Bindung folgt allerdings keinen starren Kategorien, sondern markiert einen dynamischen Prozess, der während des Filmverlaufs durchaus variiert.

Der *subjektive Zugang* (*subjective access*) verteilt die Informationen über Gefühle, Wünsche, Gedanken etc. einer Figur an den Rezipienten. Dieser bezieht sich auf die Frage, welchen Zugang der Zuschauer tatsächlich zu den Gedanken und Gemütszuständen einer Figur bekommt, also danach, ob die Figur transparent oder eher undurchsichtig erscheint.[25] So arbeitet die Exposition von DER MÜDE TOD beispielsweise ganz klar mit den Oppositionspaaren transparent und undurchsichtig: das Brautpaar ist mit seinem Getändel sofort mit Adjektiven wie liebestrunken oder glücklich zu beschreiben, der Gemütszustand des personifizierten Todes indes bleibt völlig unklar – obwohl die räumlich-zeitliche Bindung zu diesem Punkt beiden Figurenpaaren in gleichem Maße folgt.

> „Attachment is that function of narration which renders characters as agents, entities that act and behave; subjective access is the function that represents characters as entities that desire, believe, feel, think, and so forth."[26]

Auch hier handelt es sich um einen dynamischen Prozess, der im Laufe eines Films variiert werden kann – also von völlig transparenten Figuren bis hin zu völlig undurchsichtigen. Smith erwähnt dabei auch die Rolle gewisser Genrekonventionen als Regulativ dieser Strukturen.[27] Die meisten klassischen Fil-

---

[24] „The purest form of exclusive attachment is produced by a narration which intercuts only two kinds of shot: shots of character, and eyeline match shots representing the objects of that character's attention." Ebd., S. 147.

[25] In der kognitivistischen Argumentation von David Bordwell entsprächen diese Begriffe der Reichweite der Narration (= zeitlich-räumliche Bindung) und der Tiefe der Narration (= subjektiver Zugang).

[26] Vgl. Smith, Murray (1995): *Engaging Characters: Fiction, Emotion and the Cinema*. Oxford: Clarendon Press. S. 143.

[27] Durch ihren dynamischen Charakter ist die Variation von zeitlich-räumlicher Bindung und subjektivem Zugang zwar potenziell unendlich, dennoch stellt Smith häufig wiederkehrende Muster des *Alignments* fest, eben oftmals in Verbindung mit bestimmten Genres. Als Beispiele der zwei Pole innerhalb des klassischen Films nennt Smith den Detektivfilm (*detective narration* bei Bordwell). Er beschreibt die *Alignment*-Struktur wie folgt: Die zeitlich-räumliche Bindung orientiert sich ausschließlich an der Hauptfigur (*exclusive attachment*). Der Zuschauer erhält Zugang zu allen wesentlichen Gedanken

me behalten eine *Alignment*-Struktur während des Handlungsverlaufs bei, verlassen sie lediglich selten. Smith bezieht sich in diesem Punkt auf Genette, der bei der Verletzung des Fokalisierungscodes von *Alteration* spricht. Dabei werden zwei Arten der Alteration unterschieden: die *Paralepse* und die *Paralipse*. Im ersten Fall (Paralepse) erhält der Zuschauer mehr Information, als der Fokalisierungscode es eigentlich erlauben würde. Im zweiten Fall (Paralipse) erhält der Rezipient weniger Information.

Ein Hauptmittel für den Zugang innerer Befindlichkeit ist laut Smith das Schauspiel: „While a stylistic history of performance is needed, it seems clear that the function of performance has remained constant in classical cinema: the revelation of the interior states of characters."[28] Durch das Schauspiel kann der Rezipient aber auch auf eine falsche Fährte gelockt werden (*false subjectivity*) oder es werden undurchsichtige Figuren entworfen, die keine Rückschlüsse auf innere Zustände zulassen (*opaque subjectivity*). Allerdings verweist Smith darauf, dass eine enge zeitlich-räumliche Bindung an eine Figur nicht automatisch auch einen tiefen Zugang zu deren „Innenleben" gewährt, gleichwohl diese in der klassischen Narration als Muster gebräuchlich ist. Aber: beide Punkte, also *spatio-temporal attachment* und *subjective access*, bilden gemeinsam die Kategorie der Ausrichtung (*alignment*). Voraussetzung dafür ist allerdings auch, dass zuvor die Figur zu einem gewissen Maß individualisiert wurde.

---

und Gefühlen der Hauptfigur, es besteht also ein hohes Maß an *subjective access*. Dieses *Alignment* lässt den Zuschauer in einem eingeschränkten Kenntnisstand, der etwa dem Wissen des Protagonisten entspricht. Smith spricht hier von einer Filterfunktion. In der Regel verlassen Detektivfilme allerdings zeitweilig diese Struktur. Häufig werden dem Zuschauer dann Handlungen gezeigt, die der Hauptfigur nicht bekannt sind, die zeitlich-räumliche Bindung wird also gelockert; dem Zuschauer können aber auch relevante Gedanken des Protagonisten vorenthalten werden, was dann einer Einschränkung der zeitlich-räumlichen Bindung entspricht (vgl. *Alteration*). Das Melodrama (*melodramatic narration*) entspricht laut Smith dem anderen Pol. Gemäß den Genrekonventionen folgt die zeitlich-räumliche Bindung vielen verschiedenen Figuren im Handlungsverlauf (*multiple attachment*). Der Zuschauer erhält Zugang zu Gedanken und Gefühlen aller (wesentlichen) Figuren der Handlung, es herrscht ein hohes Maß an Transparenz.

[28] Vgl. Smith, Murray (1995): *Engaging Characters: Fiction, Emotion and the Cinema*. Oxford: Clarendon Press. S. 151.

In Abgrenzung zu *Alignment*, also zur Ausrichtung, nennt Smith die dritte Komponente der Sympathie-Struktur *Allegiance*, hier mit *Parteinahme* übersetzt. Es beschreibt das emotionale Reagieren der Rezipienten auf die Handlungen der Figuren. Und: „*Allegiance* pertains to the moral evaluation of characters by the spectator."[29] Dargestellt ist also neben einer emotionalen auch eine kognitive Reaktion. Um besser mit dem Begriff innerhalb des Modells zu operieren, soll er zunächst von der Ausrichtung (also *Alignment*) abgegrenzt werden. Für Smith ist diese Differenzierung wichtig, um einen gedanklichen Kurzschluss zu vermeiden: Denn die Ausrichtung auf eine Figur bedeutet nicht automatisch, dass der Rezipient ihr gegenüber Sympathie empfindet.

> „Recognition and alignment require only that the spectator understands that these traits and mental states make up the character. With allegiance we go beyond understanding, by evaluating and responding emotionally to the traits and emotions of the character, in the context of the narrative situation. Again, though, we respond emotionally without replicating the emotions of the character."[30]

Bei der *Parteinahme* für eine Figur bewertet sie der Rezipient nach seinen moralischen Werten und Eigenschaften oder zumindest nach denen, die sie ihm einer anderen Figur vorziehen lässt. Durch diese Bewertung entwickelt der Zuschauer eine Haltung der Zuneigung (oder auch der Abneigung) gegenüber der Figur. Smith wählt den Begriff *Allegiance,* um das Wechselspiel zwischen Bewertung (*evaluation, rational*) und Empfinden (*arousal, emotional*) zu charakterisieren.

Für Smith muss der Text innerhalb des Films eine Art internes Wertesystem – eine Moralstruktur – entwerfen, das oder die dem Rezipienten die Parteinahme erst ermöglicht. Als Mechanismus für die moralische Orientierung bezeichnet Smith die Handlungen der Figuren. Unter anderem spielt hierbei das hierarchische Beziehungsgeflecht eine Rolle, also dass Hauptfiguren über ihr Verhalten gegenüber Nebenfiguren bewertet werden. In DET SJUNDE INSEGLET findet sich beispielsweise ein stark hierarchisch inszeniertes Beziehungsgeflecht; Ritter Blok und sein Knappe Jöns begegnen zahlreichen Nebenfiguren, denen gegenüber sie sich völlig unterschiedlich verhalten. Welches interne Wertesystem dabei aufgebaut wird, lässt sich mit den Kategorien von Smith

[29] Ebd., S. 84.
[30] Ebd., S. 85.

in der Analyse klären. Auch das „*behaviour towards pets*"-Schema[31], also das Verhalten gegenüber Tieren, zielt in diese Richtung. Die Ikonography[32] trägt ebenso zur Ausprägung einer Moralstruktur bei wie Musik oder beredte Namen. Auch das Star-Image hilft in einigen Fällen bei der Bewertung.

Die moralische Orientierung durch Figuren stellt Smith als internes Merkmal eines Texts vor. So ist zu erklären, warum der Rezipient Interesse an einer Figur entwickelt, die außerhalb seiner Alltagswelt liegt, es also nicht sein kann, dass die Sympathie des Zuschauers über externe Faktoren determiniert wird – was in besonderem Maße ja für die Personifikation des Todes gültig ist. Vielmehr ist es das interne Wertesystem des Texts (*system of values*), das diese Aufgabe übernimmt. Figuren und ihre Eigenschaften lässt der Text wünschenswert (*desirable*) erscheinen, der Rezipient baut darauf seine Hierarchie der Zuneigung und Abneigung auf. Grundlegende Annahme hierbei ist, dass Handlungen bestimmte moralische Wertigkeiten (*valences*) vorausgehen. Smith argumentiert hier mit dem Terminus des „*Co-Textes*":

> „The character actions Carroll discusses [...] only have a determinate moral valence within the terms of the text's 'co-text'. The co-text is the set of values, beliefs, and so forth which form the backdrop to the events of the narrative – the context within the text as it were."[33]

Dieser Co-Text findet sich in mehr oder weniger stark ausgeprägter Form, ist zumeist aber unsichtbar, insofern er mit den Werten der sozialen Alltagswelt des Rezipienten übereinstimmt. Viele Werte bleiben stabil, einige sind aber veränderbar. Selbstredend spielt auch der kulturelle Kontext eine Rolle.

Zwei Modi der Moralstruktur unterscheidet Smith im Folgenden: die *manichaeische Moralstruktur* und ein *abgestuftes Modell*. Die manichaeische Moralstruktur gehorcht der einfachen Dichotomie von Gut und Böse. Ein dualistisches Wertesystem muss also etabliert werden, meist sind die Figuren so

---

[31] Ebd., S. 190.

[32] Auf Formen der Ikonography, besonders wie sie der Kunsthistoriker Erwin Panofsky entwickelte, komme ich im Kapitel über die Allegorie zurück. Smith bemerkt über den Zusammenhang von Parteinahme und Ikonography: „The role of iconography in the process of allegiance has hardly been touched on [...] The effects of iconography range from very general assumptions embedded within cultures regarding, for example, racial types, through to implications specific to particular genres, cycles, even individual texts." Smith (1995), S. 191 ff.

[33] Ebd. S. 194.

angelegt, dass bestimmte kulturelle Qualitäten in ihnen mit bestimmten ideologischen Qualitäten kombiniert sind. Smith bezieht sich dabei auf die Literaturwissenschaftlerin Susan Suleiman:

> „A further technique of redundancy is identified by Suleiman as the 'amalgam', in which a character is constructed in such a way that his or her culturally negative qualities are redundant with qualities whose pertinence is specifically ideological."[34]

Den zweiten Modus nennt Smith die *abgestufte Moralstruktur* (*graduated moral structure*). Hier findet sich keine binäre Opposition von Werten, sondern ein ganzes Spektrum an Abstufungen. Figuren besetzen zwischen den beiden Polen Gut und Böse verschiedenste Positionen.

> „The graduated structure, by contrast, tends to generate characters through the combination of culturally negative with culturally positive traits, producing what we might call an 'alloy', in the sense that morally 'base' and 'precious' qualities are combined in the name of a 'stronger' representation, where strength is measured in terms of verissimilitude [...] The alloy, as a key element of the graduated moral structure, denies the spectator the absolute, 'primal' responses associated with the Manichaen form."[35]

Smiths' Modell der *structure of sympathy* mit ihren drei Unterkategorien *recognition*, *alignment* und *allegiance* stellt für die Analyse der Beispielfilme ein wertvolles Werkzeug dar. Die Figur des personifizierten Todes kann so im Hinblick auf narrative Strukturen, der Individualisierung oder auch als zentrale Bezugsgröße für die Teilhabe des Publikums analysiert werden.

Um die Begriffe der Ausrichtung (*alignment*) und der Parteinahme (*allegiance*) noch stärker zu differenzieren, soll im Folgenden knapp Gérard Genettes literaturwissenschaftliches Konzept der Fokalisierung vorgestellt werden, auf das Murray Smiths' Theorie teilweise rekurriert. Eine Schärfung macht deshalb Sinn, weil im Film verschiedene narrative Instanzen gleichzeitig auftauchen, während das literarische Erzählen nur den Wechsel der Instanzen kennt. Es ist dort also stets nur ein Erzähler präsent, während die filmischen Mittel mehrere Instanzen simultan zulassen. Die Narratologie von Genette differenziert zwischen Erzählinstanz und Fokalisierung. Zu unterscheiden sind die beiden Punkte mit zwei Fragen: *Wer spricht?* soll die Frage nach dem Er-

---

[34] Ebd., S. 203.

[35] Ebd. S. 209.

zähler, also der narrativen Instanz klären, und *Wer sieht?*[36] gibt die Antwort auf die Frage nach der Fokalisierung. Jörg Schweinitz überträgt Genettes literarisches Konzept auf eine filmanalytische Ebene:

> „Will man die narratologische Logik, die hinter Genettes Unterscheidung steht, auf den Film übertragen, so müssen die Fragen so umformuliert werden, dass sie nicht zu Missverständnissen führen. Die Frage nach der narrativen Instanz könnte dann lauten: *Wer ist die Quelle des Erzählens?* oder salopp: *Wer teilt mit?* Und die Frage nach der Fokalisierung lautet nun: *Wer erlebt?* oder: *Das Erleben welcher Figur wird durch eine narrative Instanz repräsentiert?*"[37]

Was Genette für die Literatur feststellt, trifft demnach in viel stärkerem Maße auf den Film zu: „Die Erzählung sagt immer weniger, als sie weiß, aber sie läßt einen oft mehr wissen, als sie sagt."[38]

Die hier vorgestellten Ansätze, die selbstredend nur einen Ausschnitt aus der vielfältigen Diskussion zur Figur im Film und in der Literatur bilden, werden in Zusammenhang mit der Analyse der einzelnen Filme weiter diskutiert. Auf der Basis dieser theoretischen Konstituierung der Figur als Forschungsgegenstand lässt sich die des personifizierten Todes nach ihrer Konzeption sowie ihrer Sympathie-Struktur befragen. Die Unterscheidung zwischen *Alignment* und *Allegiance* hilft bei der narrativen Analyse gerade deshalb, weil für die Figur des personifizierten Todes im filmischen Verlauf eine individuelle Psychologie geschaffen wird. Denn wie bereits konstatiert, ist die Figur in ihrem Modell der Abstraktion zunächst negativ konnotiert, der Versöhnungsprozess respektive die Unmittelbarkeit wird dagegen nachvollziehbar, wenn die Ebene der Parteinahme (*Allegiance*) genauer betrachtet wird.

Um sie ebenso auf ihre intertextuelle Allegorik hin untersuchbar zu machen, werden im Folgenden verschiedene Forschungsansätze und interdisziplinäre Diskurse über die Allegorie skizziert.

---

[36] Bei Genette heißt es wörtlich: „*Welche Figur liefert den Blickwinkel, der für die narrative Perspektive maßgebend ist?*" Vgl. Genette, Gérard: *Die Erzählung*. Fink-Verlag. München. S. 132. Hervorhebungen im Original.

[37] Schweinitz, Jörg (2005): Die Ambivalenz des Augenscheins am Ende einer Affäre. Über Unzuverlässiges Erzählen, Doppelte Fokalisierung und die Kopräsenz narrativer Instanzen im Film. In: *Was stimmt denn jetzt? Unzuverlässiges Erzählen in Film und Literatur*. München: Edition Text + Kritik 2005.

[38] Vgl. Genette, Gérard: *Die Erzählung*. Fink-Verlag. München. S. 140.

C. Über die Allegorie

I. Linien des allegorischen Diskurses

Die Suche nach einer Antwort, was eine literarische Person zum Typus macht, lässt Umberto Eco auch die Bedeutung der Allegorie streifen:

> „Wenn die literarische Person nicht in jeder ihrer Handlungen in konkreter Weise individuell ist, dann ist sie belanglos: eine Totgeburt. Damit ist nicht ausgeschlossen, daß die Kunst auch allegorische Figuren hervorbringen kann, die sich auf einen originären Begriff zurückführen lassen. Doch haben wir es in einem solchen Fall nicht mit Personen zu tun, sondern mit symbolischen Chiffren (und also mit einem anderen ästhetischen Verfahren, das wir allerdings für legitim halten). Faux Semblant, Bon Accueil und alle andere Figuren des Roman de la Rose sind etwas gänzlich anderes als eine Person wie Lucia Mondella oder Doktor Schiwago, nämlich heraldische Embleme, Abstraktionen, jedoch Abstraktionen, die sich in einem stilisierten und anmutigen Bild konkretisieren. In einer Zeit, da die Einbildungskraft des Lesers diesem Typus der allegorischen Anregung verhaftet war, gewährten dergleichen Figuren einen befriedigenden ästhetischen Genuß (der übrigens vom heutigen Leser wiederholt werden kann, wenn er sich die Modalitäten und Motive des mittelalterlichen Geschmacks zu eigen macht)."[39]

Ecos Zitat gefiltert lässt Merkmale für die Allegorie ableiten, die auch außerhalb der Literatur ihre Gültigkeit behalten: zum einen scheinen Formen der Allegorie wandelbar, zum anderen erfordert ihre Lesbarkeit eine bestimmte gemeinsame Diskurswelt. Gleichzeitig verweist Eco bereits auf einen zentralen Einwand, der häufig in der Kunst-, Literatur- und Filmtheorie gegen die Allegorie erhoben wird: Der Einwand gegen die Abstraktion als eine der Realitätsdarstellung abträgliche Form. Diese „symbolischen Chiffren", wie Eco sie nennt, bleiben abstrakt und bilden somit den Gegenbegriff zur Sichtbarkeit oder besser: zur Unmittelbarkeit.

Neben Ecos erwähntem literarischen Kontext nimmt die Allegorie als Topos der Bilddarstellung auch in der Kunst und der Kunstrezeption eine wichtige Rolle ein. So gehört die ikonografische Interpretation des Bildes zu den wich-

---

[39] Vgl. Eco, Umberto (1986): Die praktische Anwendung der literarischen Person. In: *Apokalyptiker und Integrierte*. Frankfurt. S. 164.

tigsten wissenschaftlichen Arbeitsfeldern der Kunstgeschichte und Kunsttheorie.[40]

Zu Beginn stand die These, dass sich die filmische Figur des personifizierten Todes auch auf einer allegorischen Ebene konstituiert, ohne jedoch näher auf eine Begriffsbestimmung der Allegorie einzugehen. Dieses festgestellte Phänomen soll jetzt frontal angegangen werden, indem Konzepte der Allegorie innerhalb verschiedener Disziplinen beleuchtet werden. Die Vorstellung des allegorischen Diskurses soll Linien aufzeigen, an denen sich die filmanalytische Untersuchung entlang tasten kann. Dabei gilt die Idee, bei der Analyse der drei Beispielfilme weitere theoretische und methodologische Aspekte der Allegorie basierend auf den folgenden Diskursen zu finden.[41]

II. Zum Allegorie-Begriff und seiner Entwicklung

„Die Allegorie kennt viele Rätsel aber kein Geheimnis" – zu dieser Erkenntnis kommt Walter Benjamin im Passagen-Werk.[42] Es gibt wenige geistesgeschichtlich so umstrittene und ambige Konzepte wie das der Allegorie: Die Literatur zu dem Begriff ist nicht nur unübersichtlich und über viele Disziplinen verteilt, eine klare Definition, die in mehreren Werken anerkannt und die gleiche Verwendung finden würde, lässt sich nicht auffinden. Außerdem zieht sich durch die Wissenschaften das Problem der Unterscheidung zwischen der Allegorie als Struktur und als Gattung. Einigkeit herrscht, dass sich die Allegorie in einem engen Verwandtschaftsverhältnis zu anderen Sprachformen wie Metapher, Emblem oder Symbol befindet.

Achim Geisenhanslüke skizziert die wechselvolle Rezeptionsgeschichte der Allegorie innerhalb der Literaturwissenschaft:

---

[40] Die Bedeutung des gemalten Bildes konstituiert sich vor allem ab der Renaissance bis zum 17. und 18. Jahrhundert durch die Kombination von symbolischen Bildelementen. Vgl. dazu Ritter, Joachim et al [Hrsg.]: *Historisches Wörterbuch der Philosophie*.

[41] Es handelt sich also um ein *abduktives* Verfahren. Abduktion findet im Wechselspiel zwischen intuitiver Annahme (Hypothese), Analyse des Einzelfalls (der Varianten) und der Theorie- oder Modellbildung in einer unendlichen Semiose statt. Zum methodischen Verfahren der Abduktion bzw. zur Abduktion als semiotisch oder kognitiv verstandene Prozesshaftigkeit vgl. Eco, Umberto (1992): *Die Grenzen der Interpretation*. München; Wuss, Peter (1993): *Filmanalyse und Psychologie. Strukturen des Films im Wahrnehmungsprozess*. Berlin.

[42] Benjamin, Walter (1980): *Gesammelte Schriften V*. Frankfurt am Main, S. 461.

> „Eine widerspruchsfreie Definition der Allegorie scheint angesichts ihrer vielfältigen Berührungspunkte mit anderen sprachlichen Formen kaum möglich. Über den Wert oder Unwert der Allegorie entscheidet vielmehr der Blick auf die spezifische Konstellation, in der sie steht: ob sie als Fortführung der Metapher begriffen wird wie in der rhetorischen Tradition bei Cicero und Quintilian, oder ob sie zum Gegenbegriff des Symbols stilisiert wird wie bei Goethe und de Man."[43]

Die rhetorische Tradition bewertet die Allegorie – worunter sie besondere sprachliche Bilder versteht – grundsätzlich positiv, nicht zuletzt deshalb, weil sie sie aus der Metapher ableitet.

> „Cicero bestimmt die Allegorie als eine spezifische Weise der Übertragung *(translatio)*. Zwei Dinge sind für ihn entscheidend: daß der allegorische Sinn von der wörtlichen Bedeutung zu unterscheiden ist und daß die metaphorische Übertragung, die der Allegorie zugrunde liegt, auf eine Folge von mehreren Wörtern zurückgeht. Cicero definiert die Allegorie damit als *metaphora continua*, als durchgeführte Metapher, die in der Form der *translatio* die Grundlage aller figürlichen Rede bildet."[44]

Auch bei Quintilian findet sich die Ableitung der Allegorie über die Metapher. Er stellt die Allegorie neben das Rätsel, das eine Extremform darstelle. Die Theoretiker und Historiker der Allegorie zitieren häufig eine Defintion Quintlians[45], in der er zwei Formen der Allegorie unterscheidet: die erste ist die vollkommene Allegorie, die *tota allegoria*, bei der zwischen wörtlicher und übertragener Bedeutung kein lexikalischer Zusammenhang besteht. Die zweite ist die von Quintilian als vermischte Allegorie – *permixta apertiy allegoria* – bezeichnete Form, bei der die Trennung zwischen unmittelbarem Wortsinn und übertragener Bedeutung weniger deutlich ist, da zwischen ihnen ein lexikalischer Zusammenhang ausgemacht werden kann. Die Allegorie kann also vollständig (*tota allegoria*) oder gemischt (*permixta allegoria*) sein:

---

[43] Geisenhanslüke, Achim (2003): *Der Buchstabe des Geistes. Postfigurationen der Allegorie von Bunyan zu Nietzsche.* Fink-Verlag. S. 9.

[44] ebd., S.10

[45] „Die Allegorie, die man im Lateinischen als inversio (Umkehrung) bezeichnet, stellt einen Wortlaut dar, der entweder einen anderen oder gar zuweilen den entgegengesetzten Sinn hat. Die erste Art erfolgt meist in durchgeführten Metaphern, so etwa ‚Schiff, dich treibt die Flut wieder ins Meer zurück! / Weh, was tust du nur jetzt! Tapfer dem Hafen zu' und die ganze Stelle bei Horaz, an der er Schiff für das Gemeinwesen, Fluten und Stürme für Bürgerkriege, Hafen für Frieden und Eintracht sagt. [...] Für solche Allegorie hat die Rede häufig Verwendung, jedoch selten für die vollständige; meist ist sie vermischt mit unmittelbar Gesagtem", Quintilian, Ausbildung des Redners, S. 237; Übers. und hg. von Helmut Rahn, Darmstadt 1972-75.

„d.h. einen Vorstellungsbereich sprachlich entwickeln und dabei den allegorischen Bezugsbereich ungesagt implizieren oder aber die allegorische Bedeutungszuweisung direkt explizieren. [...] Andeutungsweise zeigt sich damit, wie von Anfang an die rhetorisch-stilistische Bestimmung der Allegorie kombiniert ist mit einer – man könnte auch sagen: gebrochen ist durch eine – Bestimmung ihrer hermeneutischen Funktion und damit im Grunde mit der Reflexion auf ihre epistemologische Leistungsfähigkeit."[46]

Quintilians Definition von Allegorie arbeitet also mit einer Art Übertragungssinn: Eine Bildreihe beispielsweise vermittelt nicht nur eine erste eigentliche Bedeutung, sondern der Vorstellungsbereich lässt sich auf einen dazu zu denkenden oder explizit angespielten Sinnbereich übertragen. Dabei kann es sich auch um mehrere Sinnbereiche handeln. Zu diesen Sinnbereichen findet sich im Handbuch der literarischen Rhetorik ein Beispiel:

„Es gibt bestimmte Allegorieräume, die an diesen oder jenen Wirklichkeitsraum traditionell gebunden sind oder auch auf neue Wirklichkeitsräume angewandt werden können. Solche Zuordnungen sind z.B. Schiffahrtsallegorie [...] und Staat oder Einzelschicksal [...]. Die Allegorien neigen zum detaillierten Ausbau der Beziehungen der Einzelbestandteile des Erstsinns."[47]

Wibke Freytag fasst zusammen, dass die Rhetorik das allegorische Zeichen als eine sprachliche Aussageform sieht, „die Eines sagt, ein Anderes meint und wie alle Tropen einen Gedankensprung erfordert, Sinnübertragung (*translatio*) vom gesagten Bedeutenden (*significans*) zum gemeinten Bedeuteten (*significatum*)."[48]

Im Unterschied zur rhetorischen Tradition[49] führt Goethe die Allegorie nicht auf die Metapher zurück. Er setzt sie vielmehr dem Symbol entgegen, was ob der unterschiedlichen begriffsgeschichtlichen Herkunft von Allegorie und Symbol eher überrascht.[50] Allerdings beeinflusst dieses binäre Schema

---

[46] Vgl. Laumont, Christof (1997): *Jeder Gedanke als sichtbare Gestalt: Formen und Funktionen der Allegorie in der Erzähldichtung Conrad Ferdinand Meyers*. Göttingen. S. 46

[47] Vgl. Lausberg, Heinrich (1960): *Handbuch der literarischen Rhetorik*, München, S. 897

[48] Vgl.: Freytag, Wibke (1992): Allegorie, Allegorese. In: Ueding, Gert (Hg.): *Historisches Wörterbuch der Rhetorik*, Bd. 1, Tübingen. S. 336

[49] Erst nach der Verabschiedung von der Rhetorik als Leitdiskurs beginnt man in der zweiten Hälfte des 18. Jahrhunderts und verstärkt im 19. Jahrhundert begrifflich streng zwischen Allegorie und Symbol zu unterscheiden. Die Polarisierung von Allegorie und Symbol ist also nicht seit jeher in der Rhetorik verankert.

[50] Mit der Allegorie und dem Symbol rücken im 19. Jh. zwei Begriffe in ein Gegensatzverhältnis, die sich aufgrund ihrer unterschiedlichen begriffsgeschichtlichen Herkunft nur

‚Symbol-Allegorie' bis weit in das 20. Jahrhundert die theoretische Diskussion zum Allegoriebegriff.

Neben der Allegorie in der Rhetorik bezeichnet die Allegorese die hermeneutische Auslegungspraxis.[51] Gerhard Kurz versucht für eine Bestimmung der literarischen Allegorie den rhetorischen mit dem hermeneutischen Allegoriebegriff zu verbinden. Er bezeichnet die Allegorie als „Text mit zwei Bedeutungen, eine Anders-Rede". Dabei trennt er die Metapher scharf von der Allegorie und kommt zu der Schlussfolgerung: „Bei der Metapher liegt eine Bedeutungsverschmelzung vor, bei der Allegorie eher ein Bedeutungssprung."[52] Außerdem fasst Kurz die Unterscheidung von Quintilian von *tota* und *permixta allegoria* weiter und bietet zudem zwei andere Formen von Allegorie-Unterscheidungen an. Zum einen präzisiert Kurz die *tota* und *permixta allegoria* zu implikativer und explikativer Allegorie und erweitert das Schema zudem um narrative und deskriptive Allegorie:

> „Vereinfachend lassen sich nun zwei Formen literarischer Allegorien unterscheiden: die narrative und die deskriptive Allegorie. Selbstverständlich gibt es Übergänge. Grenzfälle sind die Regel. Narrative Allegorien sind etwa allegorische Erzählungen und Romane. Sie haben eine betonte Handlungsstruktur. Reise, Pilgerfahrt, Suche, Jagd sind Muster der narrativen Allegorie. Zur narrativen Allegorie kann auch das dramatische Modell des Kampfes gerechnet werden. Eine deskrip-

schwer miteinander vergleichen lassen. Auch soll an dieser Stelle nicht ausführlich auf die Zurückdrängung des Allegoriebegriffs unter Goethe zugunsten des Symbols eingegangen werden. Weitere Anregungen dazu finden sich beispielsweise in Gadamer, Hans-Georg (1960): *Wahrheit und Methode. Grundzüge einer philosophischen Hermeneutik.* Tübingen. Es ist neben Gadamer und Walter Benjamin vor allem Paul de Man, der in seinem Buch *„Allegories of Reading. Figural Language in Rousseau, Nietzsche, Rilke and Proust*" den Versuch einer Rehabilitierung der Allegorie unternimmt.

[51] Auf eine ausführliche Beschreibung der Allegorese-Geschichte wird an dieser Stelle verzichtet. Christof Laumont bietet aber eine prägnante Kurzdefinition: „Allegorese im engeren Sinn meint zunächst die allegorische Homer- und Bibelexegese, davon abgeleitet jede spirituell-metaphysische oder moralische Auslegung eines Textes im ganzen, vor allem zur theologischen ‚Rettung' nichtchristlicher – hauptsächlich mythologischer – Texte für ein christliches Verständnis [...] Allegorese ist vor allem die Deutung der Bibel nach der Lehre vom mehrfachen Schriftsinn." Vgl. Laumont, Christof (1997): *Jeder Gedanke als sichtbare Gestalt: Formen und Funktionen der Allegorie in der Erzähldichtung Conrad Ferdinand Meyers.* Göttingen. S. 47

[52] Kurz, Gerhard (1978): Zu einer Hermeneutik der literarischen Allegorie. In: *Formen und Funktionen der Allegorie.* Hrsg. von Walter Haug. Stuttgart 1978. S. 12-24 sowie Kurz, Gerhard (1993): *Metapher, Allegorie, Symbol.* Göttingen

tive Allegorie – die natürlich auch narrative Elemente enthält – liegt vor, wenn eine Situation, ein Raum, eine Landschaft, ein Gebäude beschrieben wird. Häufig ist die deskriptive Allegorie eine explikative Allegorie."[53]

Kurz unterscheidet auch zwischen einer allegorischen und nichtallegorischen Personifikation. Allegorien, die auf Personifikationen fußen, sind demnach bildliche Umsetzungen deskriptiver Allegorien.

Wie bereits erwähnt, erlebte der Allegorie-Diskurs mit Walter Benjamin eine Renaissance. Er forschte im deutschen Trauerspiel des Barock und in der Lyrik Charles Baudelaires nach allegorischen Figurationen. Allerdings verzichtet auch Benjamin auf eine formale Definition von Allegorie sowie auf eine theoretische Begriffsbestimmung.[54] Vielmehr versucht er, das Verständnis für die Allegorie und ihre Abgrenzung zum Symbol über das Textphänomen an sich und seine Darstellung zu finden. Sowohl für das Trauerspiel des Barock[55] als auch für die Lyrik Baudelaires sei die Allegorie, so Benjamin, die entscheidende Ausdrucksform. Dabei beziehen sich seine Ausführungen hauptsächlich auf Bilder aus dem ikonographischen Fundus der Emblembücher sowie auf allegorische Personifikationen. „Benjamins Wertschätzung der Allegorie basiert auf einer Ablehnung des klassischen Symbolbegriffs."[56] Er kehrt also das binäre Schema Symbol-Allegorie einfach um.

Benjamin zieht die Verbindung zwischen seinen Untersuchungen zum barocken Trauerspiel und der Lyrik Baudelaires unter anderem durch das Vanitas-Motiv[57], das nicht nur ein Zeichen barocker, sondern auch moderner Allegorie sei.

---

[53] Ebd. , S. 49

[54] Vgl dazu: Steinhagen, Harald (1979): Zu Walter Benjamins Begriff der Allegorie. In: Haug Walter [Hrsg]: *Formen und Funktionen der Allegorie*. Stuttgart. S. 666-685.

[55] Vgl. dazu Alt, Peter-André (1995): *Begriffsbilder. Studien zur literarischen Form der Allegorie zwischen Opitz und Schiller*. Tübingen. S.141 ff.

[56] Vgl. Laumont, Christof (1997): *Jeder Gedanke als sichtbare Gestalt: Formen und Funktionen der Allegorie in der Erzähldichtung Conrad Ferdinand Meyers*. Göttingen. S. 57

[57] Die Vanitas (lat.: leerer Schein, Nichtigkeit, Eitelkeit) bildet ein zentrales Motiv in der Kunst und Literatur des Barock. Dabei werden Schönheit und Verfall miteinander verbunden. Häufige Vanitas-Chiffren sind der Totenschädel, die erlöschende Kerze, die Sanduhr und welke Blumen. Ursprünglich bedeutet Vanitas die christliche Vorstellung von der Vergänglichkeit alles Irdischen, zurückgehend auf das Alte Testament (Buch Kohelet 1,2). Vgl. Cheney, Liana (1991): *The Symbolism of Vanitas in the Arts, Literature, and Music: Comparative and Historical Studies*. Lewiston. Mellen.

> „Mit den barocken Bildern der Ruine und des Totenkopfes stellt Benjamin dem Goetheschen Dichtungsideal, dem eine Vergegenwärtigung des Allgemeinen im Besonderen durch Korrespondenz von Natur und Mensch, Gefühl und Gegenstand zugrunde liegt, und dem organisch konzipierten Symbol der Romantiker einen Zeichenbegriff entgegen, in dem die Arbitrarität des Zeichens, sein willkürlicher Aneignungscharakter den Subjekten und Dingen gegenüber betont wird. Es ist dieser auf der Vorstellung eines Bruches zwischen Subjekt, Objekt und Zeichen basierende Sprachbegriff, den Benjamin im barocken Trauerspiel vorfindet und der die Allegorie in seiner Auffassung zur geeigneten Ausdrucksform der Moderne macht."[58]

Benjamin erklärt die Allegorie zur Chiffre der Zeit. So entspreche die barocke Allegorie einer Welt, in der der Tod herrscht, und in dem Werk Baudelaires herrsche die Ware: „Die Embleme kommen als Waren wieder. [...] Die Allegorie ist die Armatur der Moderne."[59] Benjamin schlussfolgert, dass die Entwertung der Dinge im Barock durch ihre Vergänglichkeit und ihre Verdoppelung durch die Allegorie der modernen Entwertung und Verdinglichung durch den Warencharakter entspricht. Die Allegorie bei Baudelaire zerbreche wie im Barock die darzustellende Wirklichkeit in einzelne Bildmotive. Die Motive werden dann neu komponiert, somit entsteht ein neuer Bedeutungszusammenhang. Die neue Bedeutung liege im Barock als Reflexion eines höheren Sinns in der christlichen Heilsidee begründet; in der neuen allegorischen Sprache der Moderne tritt an die Stelle des Heilsbezugs die Frage, der Zweifel. Laut Benjamin kann an den Platz dieser „leeren Transzendenz" die ästhetische Konstruktion selbst treten und den christlichen Tröstungsgedanken ersetzen. „Die Figur des ‚Modernen' und die der ‚Allegorie' müssen aufeinander bezogen werden."[60]

III. Die Allegorie in der Kunst und Kunstwissenschaft

Auch in der Kunst prägt die Diskussion um den Allegorie-Begriff stark das binäre Schema Symbol versus Allegorie. Als Erklärung findet sich gemeinhin die produktive Rezeption von Walter Benjamins reformulierten Allegoriebegriff: „Von Benjamin beeinflusste Allegoriebestimmungen finden sich in den

---

[58] Knaller, Susanne (2003): *Zeitgenössische Allegorien – Literatur, Kunst, Theorie*. Fink. München. S. 19.

[59] Benjamin, Walter (1990): *Charles Baudelaire. Ein Lyriker im Zeitalter des Hochkapitalismus.* Hrsg. von Tiedemann, Rolf. Frankfurt a.M.; 5. Auflage. S. 177

[60] Benjamin, Walter (1980): *Gesammelte Schriften V.* Frankfurt am Main, S.311

Definitionsversuchen moderner und postmoderner Kunst und Literatur von Craig Owens, Benjamin Buchloh und Willen van Reijen."[61] Dabei hat der Allegoriebegriff auch im Kunst-Diskurs seine negative Konnotation verloren und ist seit den achtziger Jahren des 20. Jahrhunderts zu einer die zeitgenössische Kunst beschreibenden und definierenden Kategorie geworden. Im Unterschied zur Literaturwissenschaft, in der Personifikationen nur einen Teil des Gegenstandsbereichs von Allegorie ausmachen, dominiert in der Kunstwissenschaft traditionell die Bindung des Allegorie-Begriffs an klassische Formen der Personifikation. Hingegen ebenso wie in der Literaturwissenschaft, dient der Allegorie-Begriff auch in der Kunstwissenschaft dazu, einen hohen Grad an Abstraktheit (in Verbindung mit Intellektualität und Konventionalität) hervorzuheben. Dabei lässt sich feststellen: Die Haltung zur Allegorie ist vielfach abhängig von einer Denkweise zur Dimension der Abstraktheit in der bildenden Kunst in einer gewissen Epoche.

Genau abgegrenzte Definitionen, wie sie sich etwa bei Jochen Becker finden, sind allerdings auch für die Allegorie in der Kunsthistorik eher selten:

> „In der Kunstgeschichte verstehen wir unter Allegorie in der Regel die spezielle Realisierungsvariante der Personifikation (z.B. Justitia) oder eine Aktion von mehreren Personifikationen. Das Symbol ist eine Unterform der Allegorie, in der zwischen dem gemeinten Gegenstand und dem allegorischen Ausdruck eine durch diesen Ausdruck erschlossene reale Partizipation besteht. Bei der Allegorie im strikten Sinn ist diese Partizipation rein intellektuell, wenn man so will: konstruiert. Die Grenzen zwischen beiden Formen sind undeutlich und fließend."[62]

Als eine der frühen kunsttheoretischen Schriften zur Allegorie gilt Johann Joachim Winckelmanns Buch *Versuch einer Allegorie besonders für die Kun*st aus dem Jahre 1766. Darin konzipiert der Autor für Maler und Bildhauer eine Anleitung für die Verwendung emblematisch-allegorischer Überlieferungen

---

[61] Knaller, Susanne (2003): *Zeitgenössische Allegorien – Literatur, Kunst, Theorie*. Fink. München. S. 9. Dabei widerspricht sie allerdings selbst ihrer vorher gemachten Feststellung: „Seit den siebziger Jahren werden verstärkt Versuche unternommen, jenseits des Symbol-Allegorie-Paradigmas einen revidierten, auch auf zeitgenössische Kunst anwendbaren Allegoriebegriff zu entwerfen." Sie weist dabei vor allem auf die Untersuchungen von Maureen Quilligan und Deborah L. Madsen hin, die aus theologischen und mediävistischen Fragestellungen heraus die Allegorie als Genus definieren.

[62] Becker, Jochen (1992): Ursprung so wie Zerstörung: Sinnbild und Sinngebung bei Warburg und Benjamin. In: van Reijen, Willem [Hrsg]: *Allegorie und Melancholie*. Suhrkamp. Frankfurt a.M. S. 65

sowie für die Erfindung neuer Allegorien. Die Kunst soll Gedanken persönlich machen an Figuren, so die Begründung Winckelmanns für sein allegorisches Interesse.

> „In der Kunst soll es um die Formgebung eines gedanklichen, begrifflichen Substrates gehen. [...] 'Die Allegorie ist, im weitläufigsten Verstande genommen, eine Andeutung der Begriffe durch Bilder, und also eine allgemeine Sprache vornehmlich der Künstler.' Sprache ist hier nicht lediglich ein anderes Wort etwa für Ausdruck; der Terminus ‚Sprache' gibt auch schon Aufschluß über die Organisationsprinzipien dieser Allegorie; sie soll wie diese der Konvention gehorchen, soll allgemein sein."[63]

Winckelmann gibt in *Versuch einer Allegorie* den Künstlern ein Werk an die Hand, das die Allegorie als Formprinzip wieder zulässt. „Die Bilder aus dem Altertum allein können Vorbild für neue Allegorien sein, die durch die Hinwendung zu jenen wieder ‚allgemein angenommen' [...] werden."[64] Er spricht sich für eine neue Hinwendung zur griechischen Kunst aus. In den antiken Kunstwerken sieht er die Möglichkeit, der Geteiltheit der modernen Welt die Ganzheit der antiken Welt als anzustrebendes Ideal entgegenzusetzen.

> „Winckelmann billigt der Kunst eine didaktische Funktion zu; erfüllen kann sie diese nur, wenn die Allegorie das vorherrschende Ausdrucksprinzip ist. [...] Die Figur ist für Winckelmann noch ganz allegorische Personifikation, zum Personalen ausstaffierte Bedeutung. Die Allegorie wird zum Bindeglied zwischen den Künsten."[65]

Walter Benjamins Bedeutung für einen neu definierten kunsthistorischen Allegorie-Begriff wurde bereits gewürdigt. Dass Benjamins Blick für das Fragment eine Verwandtschaft zu Aby Warburg, dem Begründer der modernen ikonographischen Methode, offenbart, zu dieser Erkenntnis kommt Jochen Becker.[66] Dabei versteht Becker die Allegorie wie auch das Symbol als Sinnbild. Während Benjamin seine Allegorie-Definition im Rückgriff auf Positionen *vor* Winckelmann bestimmt, bezieht sich der Kunsthistoriker Warburg eben genau auf diesen und versucht, ihn mit einer neuen Methode der Kunstwissenschaften zu „überholen".

---

[63] Vgl. Niklewski Günter (1979): *Versuch über Symbol und Allegorie. Winckelmann – Moritz – Schelling*. Erlanger Studien, Bd. 21, S. 18

[64] Vgl. ebd., S. 21

[65] Vgl. ebd., S. 32

[66] Vgl. Becker, Jochen (1992): Ursprung so wie Zerstörung: Sinnbild und Sinngebung bei Warburg und Benjamin. In: Reijen, Willem van [Hrsg]: *Allegorie und Melancholie*. Suhrkamp. Frankfurt a.M.

Um die Parallele zwischen Walter Benjamin und Aby Warburg zu zeigen, verweist Becker auf Benjamins Buch „Einbahnstraße", in dem die „Briefmarkenhandlung" eines der längsten Stücke ist.

> „Wie bei Warburg erschließen sich Briefmarken als Sinnbilder. Ebenso liefern Reklame, Hausfassaden, Geldscheine und anderes – mit einiger Vorliebe ‚gesunkenes' – Kulturgut bei Benjamin das Material zur Konstruktion von Sinnbildern. Der Verband von Sinn und Bild wird aber nicht mehr verpflichtend aus der Geschichte bestimmt, sondern durch den Betrachter etabliert."[67]

Damit ist auch schon ein Teil des Programms von Aby M. Warburg erklärt, das für die Kunstwissenschaften ab den 1920er Jahren prägend wurde. Er gilt als Gründungsvater der „Ikonologie", eine später vor allem von Erwin Panofsky theoretisch ausgebaute Bestimmung der Kunstgeschichte. „Mag das Wort einen privilegierten Zugang zum Geiste haben, für Warburg steht außer Frage, daß der kulturelle Prozeß im Kern nicht durch das Sprach-, sondern durch das Bildvermögen des Menschen geprägt ist."[68] Warburgs Betrachtungsweise der Bilder war eine psychologische, er wollte die künstlerischen Bilder immer aus dem erklären, was der Künstler selbst gesehen oder erlebt hatte.

> „Indem er den stilgeschichtlichen Ansatz ablehnte bzw. ignorierte, hatte er das Hauptthema der theoretischen Kunstgeschichte umgangen, das letztlich auf Winckelmann und Hegel zurückging, nämlich das Problem eines einheitlichen Stils als Ausdruck eines ‚Zeitalters'."[69]

Innerhalb der modernen Ikonologie prägte Aby Warburg den Begriff der Pathosformel.[70]

> „Durch seine Beschäftigung mit dem Nachleben bestimmter Bilder eröffnete er ein völlig neues Forschungsgebiet. [...] Sicherlich hat der Begriff Pathosformel Anklang

---

[67] Vgl. ebd., S. 71

[68] Vgl. Böhme, Hartmut (1997): Aby M. Warburg. In: Michaels, Axel [Hrsg]: *Klassiker der Religionswissenschaft. Von Friedrich Schleiermacher bis Mircea Eliade*. München. S. 133-157

[69] Vgl. Gombrich, Ernst H. (1970): *Aby Warburg. Eine intellektuelle Biographie*. Hamburg. S. 419

[70] Eine Entgrenzung erfuhr der Begriff der Pathosformel, als eine Reihe geisteswissenschaftlicher Forschungsrichtungen sich seiner als Leitmotiv bedienten, etwa in der literaturwissenschaftlichen Toposforschung (Ernst Robert Curtius) oder in der gesamten ikonographisch-orientierten Kunst- und Literaturwissenschaft.

gefunden, und man verwendet ihn, manchmal recht vage, um auf die fortdauernde Gültigkeit gewisser Gebärden und Formen des Gefühlsausdrucks hinzuweisen."[71]

Auch bei Böhme findet sich eine Definition zu Warburgs Pathosformel:

> „Mit ‚historischer Psychologie des menschlichen Ausdrucks' umschreibt Warburg inhaltlich das Forschungsparadigma. Diesem tritt die Kunstgeschichte dienend bei. Warburg meint hiermit die Geschichte der eloquentia corporis, der Rhetoriken, Semantiken und Topiken körperbezogener Ausdrücke und Habitus, also die zu Bilder und Figuren geronnenen Interferenzen zwischen Affektenergien und kulturellen Verarbeitungsmustern. Dies nennt Warburg auch ‚Pathosformel'."[72]

Warburg selbst arbeitete mit einer vergleichsweise fest umrissenen Definition der Pathosformel, als er das Interesse der italienischen Renaissance an der klassischen Antike auslotete. Im Folgenden soll unter Pathosformel also vor allem die formelhafte Darstellung gewisser Gebärden und Formen des Gefühlsausdrucks verstanden werden, basierend auf der Annahme, dass sie fortdauernde, universale Gültigkeit besitzen. Kurz gefasst: Pathosformeln sind wirksame Erregungsbilder.

IV. Motiv und Symbolik bei Erwin Panofsky

Es war vor allem Erwin Panofsky, der die Pathosformel in einen breiteren Kontext rückte und die Ikonographie und Ikonologie weiter für die Kunstwissenschaft ausführte. „Die Ikonographie ist der Zweig der Kunstgeschichte, der sich mit dem Sujet (Bildgegenstand) oder der Bedeutung von Kunstwerken im Gegensatz zu ihrer Form beschäftigt."[73]

Dabei unterscheidet Erwin Panofsky in seiner Definition zwischen einem primären natürlichen Sujet und einem sekundären konventionellen Sujet. Während das primäre Sujet auf die Identifikation von Formen in einem Bild abzielt, verbindet das sekundäre Sujet das Dargestellte mit Motiven und Motivkombinationen. Das Ergebnis ist schließlich die Beschreibung dieses Motivs, welches als Anekdote oder Allegorie eines Bildes verstanden werden kann. Eine Sammlung von Beschreibungen der Motive ergibt eine Klassifikation von Bil-

---

[71] ebd., S. 422/428

[72] Vgl. Böhme, Hartmut (1997): Aby M. Warburg. In: Michaels, Axel [Hrsg]: *Klassiker der Religionswissenschaft. Von Friedrich Schleiermacher bis Mircea Eliade*. München. S. 133-157

[73] Panofsky, Erwin (1975 [1955]): *Sinn und Deutung in der bildenden Kunst* (Meaning in the Visual Arts). Dumont-Schauberg. Köln, S. 36

dern. Daraus resultiert das Wesen der Ikonographie: „Sie ist eine begrenzte und gewissermaßen dienende Disziplin, die uns darüber informiert, wann und wo bestimmte Themen durch bestimmte Motive sichtbar gemacht wurden."[74] Die Deutung auf Bezug und Entstehung allerdings kommt in der Ikonographie nicht vor, ihr fehlt also das interpretatorische Moment.

Wesentlich mehr Analyse hingegen findet sich bei der „Erweiterung" der Ikonographie in der Ikonologie. Während die ikonographische Methode eher eine beschreibende und klassifizierende ist, definiert Panofsky die Ikonologie als eine „ins Interpretatorische gewandte Ikonographie, die damit zum integralen Bestandteil einer Kunstwissenschaft wird, statt auf die Rolle eines vorbereitenden statistischen Überblicks beschränkt zu sein."[75]

Die Ikonologie baut also auf der wissenschaftlichen Ikonographie auf und ist zugleich um eine interpretatorische Ebene erweitert. Sie ist somit die „Suche nach dem einstigen Sinn eines Kunstwerkes mit Hilfe aller erreichbaren bildlichen und schriftlichen Quellen, die sich zu ihm in eine erhellende Beziehung setzen lassen."[76] Um dieses Ziel zu erreichen, unterschied Erwin Panofsky ein dreistufiges Schema, das zur ikonologischen Interpretation eines Bildes die Arbeitsschritte Beschreibung, Analyse und Synthese unterscheidet.[77] Im Vordergrund steht die Analyse des Einzelbildes.

---

[74] ebd., S. 45

[75] ebd., S.42

[76] Eberlein, Johann Konrad (1996): Inhalt und Gehalt: Die ikonographisch-ikonologische Methode. In: Hans Belting et al. (Hrsg.): *Kunstgeschichte. Eine Einführung.* 5. überarbeitete Auflage, Dietrich Reimer Verlag. Berlin. S. 172 f.

[77] Vgl. dazu neben Panofsky, Erwin (1979 [1955]): Ikonographie und Ikonologie. Köln. S. 207-225, auch Panofsky (1975), S. 42-50, oder Eberlein (1996), S. 173-183. Die erste Stufe, die *vorikonographische Beschreibung*, befasst sich mit dem primären oder natürlichen Sujet, das die Welt künstlerischer Motive bildet. In Form einer Inhaltsangabe werden die Bildgegenstände benannt und aufgezählt. Um dies leisten zu können, setzt Panofsky eine praktische Erfahrung in Form der Vertrautheit mit (historischen) Gegenständen und Ereignissen voraus. Für sein Modell kennzeichnend ist das Hinzuziehen von so genannten „Korrektivprinzipien" als „objektive" Kontrollinstanzen, welche als Hilfe das Erkennen künstlerischer Motive erleichtert. Als Korrektivprinzip für die erste Stufe dient die Stilgeschichte. Sie beschäftigt sich mit den historisch wechselnden Ausdrucksformen von Gegenständen und Ereignissen. Auf die vorikonographische Beschreibung folgt die *ikonographische Analyse*. Sie untersucht das sekundäre oder konventionelle Sujet, das „die Welt von Bildern, Anekdoten und Allegorien bildet". Dazu müssen die notwendigen (literarischen) Quellen herangezogen werden, um die in den Motiven ausgedrückten Themen und Vorstellungen enthüllen zu können. Als

Das Modell zur ikonologischen Interpretation zielt auf die inhaltliche Erschließung eines Kunstwerkes. Dabei vollzog Panofsky zwar keine strikte Trennung von einer formalen Betrachtungsebene, aber die Hinwendung zu Motiv und Symbolik eines Bildes ließ die reine formanalytische Betrachtung in den Hintergrund treten.[78]

Motiv und Symbolik bilden ebenfalls den Interessensschwerpunkt in Panofskys kanonischem Text über das Kino (*Style and Medium in the Motion Pictures*).[79] Darin feiert Panofsky den Film als legitimen Nachfolger der traditionellen Bildkünste, wobei er die ökonomischen Bedingungen des Kinos als Massenunterhaltung nicht etwa problematisiert, sondern „als Voraussetzung

praktische Erfahrung fordert Panofsky die Vertrautheit mit bestimmten Themen und Kenntnissen in den literarischen Quellen. Korrektivprinzip für die zweite Stufe ist die Typengeschichte, welche sich mit den historisch wechselnden Ausdrucksformen von Themen und Vorstellungen durch Gegenstände und Ereignisse beschäftigt. Die dritte Stufe beinhaltet die *ikonologische Interpretation*, mit der die „eigentliche Bedeutung" oder der „Gehalt" eines Bildes, die Welt „symbolischer" Werte, ermittelt wird. Dazu zählen laut Panofsky auch die vom Künstler unbewusst vermittelten Inhalte, die erst im Nachhinein sichtbar werden. Während die ikonographische Analyse die zeitgenössische Auffassung reflektiert, wird durch die ikonologische Interpretation die „zeitliche Differenz zum Interpreten instrumentalisiert". Panofsky nennt dies in Anlehnung an Karl Mannheim den „Dokumentsinn" eines Bildes, der auch „eine ungewollte und ungewußte Selbstoffenbarung eines grundsätzlichen Verhaltens zur Welt" als „wesentliche Tendenzen des menschlichen Geistes" umschließt. Das Kunstwerk wird zum „Symptom von etwas anderem", dessen „symbolische Werte" nicht bewusst vom Künstler gestaltet werden, sondern Ausweis der generellen Grundhaltungen einer Epoche sind. Darin liegt laut Panofsky der „Dokumentsinn" des Kunstwerks, mit dem es in den Rahmen anderer kultureller Dokumente gestellt wird.

[78] Für die Geschichtswissenschaft erweiterte Rainer Wohlfeil Panofskys Theorie um das Modell der dritten Stufe. In Auseinandersetzung mit Panofskys „Dokumentsinn" versteht Wohlfeil den historischen Dokumentsinn eines Bildes als ein „weitergefaßtes, sozialgeschichtlich orientiertes Begriffsverhältnis", um das Bild in sein historisches Umfeld einordnen zu können. Dabei werden die Ergebnisse der ersten beiden Arbeitsschritte einbezogen, aber zugleich unterscheidet sich der dritte Schritt dadurch, dass ein „instrumenteller Zeitsprung im Denken" vollzogen wird. Der interpretierende Historiker nutzt die historische Distanz zum Untersuchungsgegenstand, um durch den „Wechsel der Perspektive geschichtswissenschaftliche Probleme über Fragen an das Bild zu lösen, die sich auf der Grundlage des heutigen historischen Wissens aus seinem leitenden Erkenntnisinteresse ergeben." Vgl. Wohlfeil, Rainer und Trudl (1986): Landsknechte im Bild, Überlegungen zur ‚Historischen Bildkunde', In: Blickle, Peter [Hrsg.]: Bauer, Reich und Reformation. Festschrift für Günther Franz. Stuttgart. S. 104 ff.

einer auf Mittelbarkeit beruhenden lebendigen Kunst bejaht."[80] Die Begeisterung Panofskys für den Film und seine bereits 1936 getätigte öffentliche Rechtfertigung des neuen Mediums als Kunst waren unter anderem wohl auch nicht ganz uneigennütziger Natur. So geht Thomas Levin davon aus, dass Panofsky früh erkannte, dass der Film mit seiner Gegenständlichkeit und seinem Gebrauch von Personifikationen das Modell der Ikonologie quasi „rettet", drohte es doch angesichts der nichtgegenständlichen, abstrakten Moderne in der Bildenden Kunst anachronistisch zu werden.[81]

So argumentiert Panofsky denn auch, dass die Zeichenhaftigkeit des Erzählfilms das legitime Erbe rechtfertige, stehe der Film doch wie die traditionellen Bildkünste einer ikonographischen Entschlüsselung offen.

> „Eine [...] Erklärungsmethode war die Einführung einer festgelegten Ikonographie, die den Zuschauer von Anfang an über die grundlegenden Tatsachen und Charactere [sic] unterrichtete [...]. Es bildeten sich, identifizierbar, weil festgelegt in Erscheinung, Betragen und Attributen, die wohlbekannten Typen des Vamps und des Mädchens mit dem Herzen am rechten Fleck (vielleicht die überzeugendsten modernen Entsprechungen der mittelalterlichen Personifikation der Tugenden und Laster) [...]."[82]

Panofsky findet in einem „primitiven Symbolismus"[83] der filmischen Figuren und der Mise-en-scène das Kino also in die Kunstgeschichte integriert, gleichzeitig wird darin nochmals die Prämisse seiner gesamten ikonologischen Methodik sichtbar: Die Kongruenz von Form und Inhalt.

Freilich markiert Panofsky aber auch die Sonderform des Mediums, wenn er feststellt, dass „der Film materiellen Dingen und Personen, nicht neutralem Stoff, einen Sinnzusammenhang, der seinen Stil und sogar seine Phantastik oder unbeabsichtigte Symbolqualität weniger durch die Vorstellung des

---

[79] Über die Adaptionen und Nachdrucke nach der Erstveröffentlichung 1936 vgl. Lavin, Irving: Panofskys Humor. In: von Reudenbach, Bruno [Hrsg.] (1994): *Erwin Panofsky. Beiträge des Symposiums Hamburg 1992*. Berlin. S. 9 ff.

[80] Vgl. Prange, Regine: Stil und Medium. Panofsky ,On Movies'. In: von Reudenbach, Bruno [Hrsg.] (1994): *Erwin Panofsky. Beiträge des Symposiums Hamburg 1992*. Berlin. S.171 ff.

[81] Vgl. Levin, Thomas Y. (1996): Iconology at the Movies: Panofsky's Film Theory. In: The Yale Journal of Criticism. Volume 9, Number 1. S. 27-55.

[82] Vgl. Panofsky, Erwin (1993 [1943]): *Stil und Medium im Film*. Frankfurt. S. 39.

[83] Vgl. ebd., S. 40.

Künstlers erhält, als durch die Arbeit mit den äußeren Objekten und der Aufnahmeapparatur. Der Stoff des Films ist die äußere Realität als solche [...].“[84] Panofsky schließt damit direkt an das Denken Siegfried Kracauers, Rudolf Arnheims und Bela Balázs an, deren einigende Kategorie ebenfalls die „Sichtbarkeit“ des neuen Mediums ist.

V. Allegorie und Ästhetik bei Arnheim, Balázs und Kracauer

Mediengeschichtlich gesehen sind Panofskys Positionen eng mit der Kino-Ästhetik der 1920er-Jahre verflochten. Die Kongruenz von Form und Inhalt des neuen Mediums spiegelt sich auch in den Reflexionen Béla Balázs', Rudolf Arnheims und Siegfried Kracauers wider. Die einende Kategorie der Drei ist die „Sichtbarkeit“, die aber in der jeweiligen Poetik ihre ganz eigene Definition erfährt. So sieht Béla Balázs die kinematographische „Sichtbarkeit“ als Neuentdeckung einer in der Moderne verloren geglaubten humanen Substanz. Das Filmbild mache den verdrängten Leib, seine Mimik und Gestik wieder sichtbar und gebe ihm seine Seele zurück. Mit weniger Pathos beschwört auch Rudolf Arnheim die „Sichtbarkeit“. Als Gestaltpsychologe stellt sich ihm vor allem die Frage nach dem Wie der Wahrnehmung und dem Prozess des Sehens. Neben diesem naturwissenschaftlichen Ansatz untersucht Siegfried Kracauer die „Sichtbarkeit“ philosophisch-erkenntnistheoretisch.

Der Brückenschlag zu dem filmtheoretischen Triumvirat macht Sinn, weil die Texte Kracauers, Arnheims und Balázs grundsätzlich für die Analyse der Filme wichtige Impulse liefern. Mit diesen diskursiven Konzepten können zumindest zwei der Beispiele in ihrer Zeit verortet werden (KÖRKARLEN 1921; DER MÜDE TOD 1921). Andererseits können damit auf einer ästhetischen Ebene Aspekte der Rezeption beleuchtet werden – vor allem im Hinblick auf die Allegorie, aber auch auf die filmische Figur und Inszenierungsstrategien im Gesamten.

Für Hanno Loewy steht fest: „Balázs hat in den zwanziger Jahren wie kaum ein anderer Zeitgenosse die grundsätzliche Bedeutung des Films als Medium einer anders organisierten Wahrnehmung, als eines Dispositivs visuell konsti-

[84] Vgl. ebd., S. 47.

tuierter symbolischer Erfahrungen zu erkennen vermocht".[85] In einer zeitgenössischen Rezension von **Béla Balázs**' Buch *Der sichtbare Mensch* beschreibt Robert Musil:

> „Er [Balázs] erzählt wie ein Jäger, der sich herangeschlichen hat, vom Leben der Filmstücke, die in endlosen Rudeln durch unsere Kinos ziehen, aber beschreibt sie gleichzeitig als erster Anatom und Biologe. Und indem er dies tut, immer gleichzeitig im Erlebnis und in der Reflexion, schafft sein ungewöhnliches Talent auf dem wüsten Gebiet der Filmkritik ein unerwartetes Paradigma auch für die Kritik der Literatur, die er überall dort berührt, wo er den Film von ihr abgrenzt."[86]

Musils Betrachtung des Buchs beschreibt bildreich Balázs' Methodik: Die systematisierten Fragen nach einer Ästhetik des neuen Mediums Film erscheinen als etwas Revolutionäres. Wenngleich Helmut H. Diederichs in seinem Vier-Stufen-Modell[87] die diskursive Einbettung von Balázs' Werk in die Vorläufer-Filmpublizistik deutlich macht, bleibt der Erfolg von *Der sichtbare Mensch* und *Der Geist des Films* doch durch seine bis dahin einmalige umfassende Betrachtung der ästhetischen Möglichkeiten des neuen Mediums erklärbar. Allerdings: „Die zeitgenössische Rezeption von Balázs' erstem Filmbuch ist bisher weitgehend unerforscht geblieben [...] Für die Zeitgenossen war *Der sichtbare Mensch* schlicht eine Offenbarung."[88]
Freilich ist der Versuch Balázs' einer Kunstphilosophie des Films weniger kohärent aufgebaut als vielmehr fragmentarisch. Das neue Medium Film soll zu einer eigenständigen visuellen Kultur werden – das zu forcieren und zu initiieren, darin sieht Balázs seine Lebensaufgabe.

Der Begriff der Physiognomie bildet dabei eine zentrale Kategorie für Béla Balázs. Wie auch Panofksy widmet er der Gebärdensprache sowie dem Einsatz der Großaufnahme im damals stummen Medium einige Überlegungen.

---

[85] Vgl. Loewy, Hanno (2001): Die Geister des Films. Balázs' Berliner Aufbrüche im Kontext. In: Balázs, Béla: *Der Geist des Films.* Suhrkamp. S. 176

[86] Vgl. Musil, Robert (1925): Ansätze zu neuer Ästhetik. Bemerkungen über eine Dramaturgie des Films. In: Balázs, Béla: *Der sichtbare Mensch.* Frankfurt 2001. S. 149.

[87] Vgl. Diederichs, Helmut H. (2001): „Ihr müßt etwas von guter Filmkunst verstehen". Béla Balázs als Filmtheoretiker und Medienpädagoge. In: Balázs, Béla: *Der sichtbare Mensch.* Frankfurt 2001. S. 125 ff.

[88] Vgl. Ebd., S. 142. Es gab aber bereits 1912 erste größer angelegte Studien zur Filmästhetik in Deutschland, wie beispielsweise Herbert Tannenbaums *Kino und Theater* oder 1913 Hermann Häfkers *Kino und Kunst* (Vgl. dazu Schweinitz, Jörg (1992) [Hrsg]:

„Die Großaufnahme ist die technische Bedingung der Kunst des Mienenspiels und mithin der höheren Filmkunst überhaupt [...] Die Großaufnahme ist die Poesie des Films."[89] Getragen ist das Konzept von der Idee, dass die Filmkunst eine neue Sprache entwickelt und deren Hauptübermittler wieder der gesamte Mensch wird. Der Betrachter soll durch die Gestik, das Mienenspiel und die Gesamtschwingung des menschlichen Instruments, des Körpers, eine neue und zugleich uralte Sprache wieder erlernen. Dabei unterscheidet Balázs' klar Physiognomie von Sprache, das Gesicht selbst ist bei ihm das Modell der Filmsprache, ein „gleichsam antilinguistische[s] Konzept."[90] Ihm geht es also auch um das Wiederfinden dessen, was der Mensch in den Zivilisationsläuften verloren habe: Der (körperliche) Ausdruck als Beweis seines Bestehens.

Balázs sieht in der neuen „visuellen Kultur" eine Chance, die Abstraktion im Sinne einer konventionellen Sprachlichkeit zurück zu drängen:

> „Das ist eine starke Atmosphäre, die im Film durch die große Rolle und Bedeutung der sichtbaren Dinge entsteht. Diese Bedeutung haben die Dinge in der Poesie, welche mehr auf einen abstrakten Sinn eingestellt ist, nicht. Darum kann auch keine Poesie diese spezifische Atmosphäre, dieses „wesen" [sic] der Materie [...] schaffen."[91]

Das Sichtbarmachen soll wieder über die unmittelbaren (also nicht abstrakten) Gebärden erfolgen, die somit seelische Regungen transportierten. Auch auf die Montage geht er dabei ein und warnt vor Ideogrammen, die der neuen visuellen Kultur entgegenstünden. So kritisiert Balázs beispielsweise Eisensteins Montage-Konzept:

> „Wenn bei Eisenstein einmal die Statue des Zaren vom Sockel gerissen wird, so bedeutet das den Sturz des Zarismus. Die zerbrochenen Teile fügen sich wieder zusammen. Das bedeutet Restauration der bürgerlichen Macht usw. Das sind Zeichen, die etwas bedeuten, wie etwa das Kreuz oder das Paragraphenzeichen oder die Ideogramme der chinesischen Schrift. Die Bilder sollen aber nicht Gedanken *bedeuten*, sondern Gedanken *gestalten und bewirken*, Gedanken also, die in uns

Prolog vor dem Film. Nachdenken über ein neues Medium 1909-1914. Leipzig. S. 293 ff.)

[89] Balázs, Béla (2001[1924]): *Der sichtbare Mensch*. Frankfurt. S. 48-53

[90] Vgl. Wuss, Peter (1990): *Kunstwert des Films und Massencharakter des Mediums*. Berlin. S. 144.

[91] Balázs, Béla (2001[1924]): *Der sichtbare Mensch*. Frankfurt. S. 31.

als Folgerungen entstehen und nicht als Symbole [...] im Bild bereits formuliert sind. Sonst ist die Montage nicht mehr produktiv. Sie wird zur Reproduktion gestellter Bilderrätsel. Nicht die Bilder des Filmstoffs werden symbolisch. Sondern fertige Symbolbilder werden gleichsam von außen her hineingemengt."[92]

Für den Film schließt Balázs die Verwendung von Sinnbildern und Symbolen also aus, da sie etwas anderes bedeuten als sie die realistischen Bilder darstellen. Deshalb wendet er sich auch entschieden gegen die Allegorie:

> „Die Allegorie kann nur in dem Maße zu einer sinnlichen Kunst werden – (es gibt nur sinnliche Kunst!) –, in dem sie sich dem naiven Realismus der Volksmärchen nähert. Die Gestalt eines wirklichen Märchens lebt nämlich ein reales Leben, nur eben nicht nach den Gesetzen der Natur unserer Erde, sondern entsprechend den Gesetzen irgend einer Märchenwelt. Die Allegorie ist jedoch in keiner Weise realistisch. Sie kann eine Wahrheit ausdrücken – aber sie stellt keine Wirklichkeit dar, weder die natürliche noch eine märchenhafte – überhaupt keine. Deshalb wirkt vor allem in der Kunst, also auch im Film, die Allegorie so blutleer und schematisch, daß auch die tiefsten Wahrheiten ihr kein Leben einzuhauchen vermögen."[93]

Seine Utopie von der Überwindung des Abstrakten durch das Bild und seine negative Haltung gegenüber der Allegorie (fußt doch die Allegorie per Definition auf Abstraktion und Konvention) unterscheidet Balázs also grundsätzlich von Panofsky.

Rudolf Arnheim verwies aus seiner gestaltpsychologischen Perspektive in *Film als Kunst* 1932 auf die formalen Möglichkeiten des neuen Mediums und seiner Berechtigung als Kunstgattung neben den traditionellen Künsten. Es ist das Interesse an einer „Materialästhetik", das Arnheims Aufsätze aus den zwanziger und dreißiger Jahren mit ähnlich gelagerten Fragen wie jene von Siegfried Kracauer und Walter Benjamin verbindet. Materialästhetik ist bei Arnheim wahrnehmungstheoretisch fundiert: Ableitend von einer Tradition der bildenden Künste interessiert Arnheim das „Material" des Photo-, Film- bzw. Radiokünstlers und seine gestalterischen Möglichkeiten.[94] Leitend in Bezug auf Film war für ihn dabei die Frage, wie die Welt durch ein bewegtes Bild dargestellt werden kann, das durch die Leinwand begrenzt ist.

---

[92] Balázs, Béla (2001[1930]): *Der Geist des Films*. Frankfurt. S. 49. Hervorhebungen im Original.

[93] Balázs, Béla (1949): *Der Film. Werden und Wesen einer neuen Kunst*. Wien. S. 213-214. Hervorhebungen im Original.

[94] Stets sichtbar bleibt dabei der Einfluss der Gestaltpsychologie von Max Wertheimer und Wolfgang Köhler, bei denen Arnheim von 1924 bis 1928 studiert und promoviert hat.

> „Ende der 1920er Jahre hatte Arnheim eine Stummfilmtheorie von bestechender Eleganz und Schlüssigkeit ersonnen und war dabei, sie in Buchform zu bringen. Da beseitigte die technisch-ökonomische Weiterentwicklung die Kunstform, die er soeben entdeckt hatte.“[95]

Was Helmut H. Diederichs in seinem Nachwort in dem 2004 neu erschienenen Sammelband „Seele in der Silberschicht“ mit medientheoretischen Schriften Rudolf Arnheims meint, ist die Gleichzeitigkeit von Arnheims Stummfilmtheorie und der Etablierung des Tonfilms. Stets behielt Arnheim eine gewisse Distanz zu der technischen Fortentwicklung, die von ihm fast durchweg als „Sprechfilm“ bezeichnet wird und der er eine ästhetische Unmöglichkeit konstatiert. Der Tonfilm ist nicht passend für sein Konzept, denn aus „der wahrnehmungsmäßigen Differenz zwischen Weltbild und Filmbild entwickelt Arnheim seine Formästhetik des stummen Films.“[96] Und der Tonfilm überbrückt zumindest einen Aspekt dieser Differenz partiell. Auf ähnliche Skepsis gegenüber dem Tonfilm trifft man im Übrigen auch bei Panofsky.

Der methodische Zugang Arnheims zu den Medienkünsten Photographie, Film und Rundfunk ist in seiner kunsttheoretischen Grundausrichtung geeint. Als zentralen Begriff führte er 1933 in dem Aufsatz *Film und Funk*[97] „reproduktive Kunst“ ein, unter dem er die neuen technischen Kunstformen Photographie und Stummfilm, Schallplatte und Rundfunk sowie Tonfilm zu einer einzigen zusammenführte. Als Prinzip sieht Arnheim, dass sich hier die Wirklichkeit nicht selbst abbilde.

> „Nein, auch in der reproduktiven Kunst handelt es sich um *schöpferisches* Menschenwerk. Jene Tatsache, daß die Wirklichkeit sich selbst abbildet, lehrt uns nur, wo wir das Besondere, Charakteristische der neuen Kunst zu suchen haben: darin nämlich, daß ihre Stärke im *Abbilden* liegt und dass ihre besonderen Gestaltungsmethoden darin bestehen, von einem *bestimmten Beobachtungsort* aus und in *bestimmter Auswahl* abzubilden.“[98]

---

[95] Vgl. Diederichs, Helmut H. (2004): Nachwort. In: Arnheim, Rudolf: *Die Seele in der Silberschicht*. Frankfurt. S. 422

[96] Vgl. ebd. S. 422.

[97] Zu finden in Arnheim, Rudolf (2004): *Die Seele in der Silberschicht*. Frankfurt. S. 373; vom Herausgeber in „Reproduktive Kunst“ umbenannt.

[98] Arnheim, Rudolf (1933): Reproduktive Kunst. In: Arnheim, Rudolf (2004): *Die Seele in der Silberschicht*. Frankfurt. S. 373 ff.

Film ist also Kunst und nicht nur das bloße Abbilden von Wirklichkeit. Das Kamerabild ist ein technisches und folgt deshalb seinen eigenen Gesetzen. Arnheim zerstört den Mythos vom Abbildrealismus des Kinos: Die Wirklichkeit wird nicht nachgeahmt, sondern der Eingriff durch die technische Apparatur der Kamera ist ein Formungsprozess.

Arnheim interessiert sich also für die Ausdrucksfähigkeit des Visuellen in Bezug auf ihr Verhältnis zur Wirklichkeit und dockt damit an das Prinzip des Neuen Sehens an. Es geht hier um eine pädagogische Ästhetik, die auf der sinnlichen Wahrnehmung der modernen Lebenswelt beruht. Dabei grenzt sich das Paradigma des Neuen Sehens klar von dem der Neuen Sachlichkeit ab (zentral hier ist die Klarheit und Bedingtheit der Formen, Umrisse und Linien; kurz: es geht um den nüchternen Blick).[99] Arnheim greift das Prinzip des Neuen Sehens in *Film als Kunst* explizit auf:

> „In dem er [der Künstler] den Gegenstand in einer ungewohnten, auffälligen Einstellung abbildet, zwingt er den Beschauer zu stärkerer Aufmerksamkeit, die über bloßes Notiznehmen und Konstatieren hinausgeht [...] Aber der Photograph will auch etwas gänzlich Anderes. Er setzt die Kenntnis des Gegenstandes voraus und sucht den Beschauer durch die besondere Ansicht, die er diesem altbekannten Gegenstand abgelockt hat, zu interessieren, eventuell zu belehren."[100]

Unter Sichtbarkeit versteht Arnheim also die sichtbaren Erscheinungen, wie sie der Film strukturiert (und interpretiert). Er betont das bereits selektierende Kamerabild und widerspricht somit einer Theorie des mechanischen Abbildrealismus des Kinos. Was das Kino nach Arnheim aber tatsächlich sichtbar macht, ist die Überwindung des eingefahrenen Alltagsblicks. Im Stummfilm werde dies evident, hier könne mit den neuen Sichtweisen – die durch ihre Stummheit ja gerade von der Wirklichkeit abweichen – experimentiert werden.

Arnheim fordert deshalb vom Film eine neue künstlerische Sprache, „denn wir haben ja gerade betont, daß die konkrete Einkleidung des zu veranschaulichenden Motivs originell erfunden, unabgenutzt sein müsse, damit sie nicht

[99] Vgl. Schmitz, Norbert (1994): Zwischen 'Neuem Sehen' und 'Neuer Sachlichkeit': Der Einfluß der Kunstfotografie auf den Film der zwanziger Jahre. In: Cinema Quadrat [Hrsg]: *Gleissende Schatten: Kamerapioniere der zwanziger Jahre*. Mannheim.

[100] Arnheim, Rudolf (2002 [1932]): *Film als Kunst*. Frankfurt. S. 57-58.

bloß verständlich [sic] sondern auch lebendig wirke."[101] Explizit richtet sich Arnheim also gegen konventionelle Sujets und wendet sich somit auch gegen den Gebrauch von Allegorien im Film:

> „Die Kunst beschreibt also gern [...] das den Sinnen Zugängliche, um auf solche mittelbare Weise das im Einzelfall wirkende Gesetz des Ganzen aufzuzeigen. Eine solche versinnlichende Darstellung nennen wir symbolisch. Jede Kunst bezieht ihre Darbietung auf ein oder mehrere bestimmte Sinnesgebiete, und so ist Filmsymbolik Umsetzung in Sichtbares und in zweiter Linie häufig auch – seit es den Tonfilm gibt – Umsetzung in Hörbares. Ist die Beziehung zwischen Darstellung und Dargestelltem nicht unmittelbar ersichtlich, sondern nur durch Konvention künstlich hergestellt (wie bei Buchstaben, Morsezeichen, Flaggen), oder ist die anschauliche Beziehung durch häufige schematische Verwendung zum bloßen signalhaften Kennzeichen erstarrt, dann handelt es sich um Symbole im engeren Sinn (auch Allegorien genannt) [...] Eine solche Zeichensprache ist jedoch für die künstlerische Gestaltung unbrauchbar, weil sie sich nur noch scheinbar an die Anschauung wendet, in Wirklichkeit aber mit abstrakten formelhaften Gedächtnisassoziationen arbeitet."[102]

In der Figur des personifizierten Todes finden sich beide Einwände Arnheims vereint: Die Beziehung zwischen Darstellung und Dargestelltem ist zunächst durch die Konvention künstlich hergestellt, und die Ikonographie der Figur selbst basiert auf jener häufigen schematischen Verwendung, die Arnheim für signalhafte Kennzeichen postuliert.

Siegfried Kracauers 1960 erschienenes Hauptwerk *Theorie des Films*[103] basiert auf dem philosophischen Konzept einer Idee der Sichtbarmachung. Der Film weise eine spezifische Kompetenz auf, die ihn von anderen ästhetischen Medien unterscheidet. Kracauer gelangt zu der Erkenntnis, dass Kino als ein Medium definiert werden kann, „das besonders dazu befähigt ist, die Errettung der physischen Realität zu fördern. Seine Bilder gestatten uns zum ersten Mal, die Objekte und Geschehnisse, die den Fluß des materiellen Lebens ausmachen, mit uns fortzutragen."[104] Der Wirklichkeit als solcher werde im Film, der in der Traditionslinie der Photographie steht, Geltung verschafft. Kracauer geht davon aus, dass durch die Möglichkeit des Abbildverfahrens

[101] Ebd., S. 185.

[102] Arnheim, Rudolf (1934): Symbole. In: Arnheim, Rudolf (2004): *Die Seele in der Silberschicht*. Frankfurt. S. 184.

[103] Im Original *Theory of Film*; 1964 deutsch bei Suhrkamp erschienen.

[104] Kracauer, Siegfried (1985 [1964]): *Theorie des Films. Die Errettung der äußeren Wirklichkeit*. Frankfurt. S. 389.

die sichtbare Welt analysierbar wird. Eine ähnliche Position also wie bei Panofsky.[105]

Theorie des Films hat einen zweipoligen Aufbau: Zum einen werden ästhetische Probleme im engeren Sinne besprochen, in deren Zusammenhang Kracauer „der besonderen Natur des Films“ bzw. der eigentümlichen Beschaffenheit des Mediums nachspürt; andererseits erörtert Kracauer philosophisch die Frage nach der kulturellen Funktion des Films in der modernen Zeit. Kracauer begreift den Film als Chance, über die Einverleibung des scheinbar Unwesentlichen zurück zum Kern des Seins, der konkreten Wirklichkeit zu gelangen.[106] Dieser Kern sei in der modernen Welt abhanden gekommen. Die Menschen müssen durch den Film wieder resensibilisiert werden für die konkrete physische Qualität ihrer Welt, die sie bedingt durch die allgegenwärtige, wissenschaftlich bedingte Abstraktheit ihrer Wahrnehmung nicht mehr realisieren: „Der Film macht sichtbar, was wir zuvor nicht gesehen haben oder vielleicht nicht einmal sehen konnten. Er hilft uns in wirksamer Weise, die materielle Welt mit ihren psycho-physischen Entsprechungen zu entdecken.“[107]

Sowohl Film als auch Photographie hätten die Eigenschaft, physische Wirklichkeit sichtbar zu machen, denn die Sichtbarmachung setze Wahrnehmung voraus.

> „Unter allen existierenden Medien ist es allein das Kino, das in gewissem Sinne der Natur den Spiegel vorhält und damit die ‚Reflexion' von Ereignissen ermöglicht, die uns versteinern würden, träfen wir sie im wirklichen Leben an. Die Filmleinwand ist Athenes blanker Schild.“[108]

Kracauer argumentiert, dass die filmische Realität reichhaltiger ist als die Alltagswahrnehmung. Film ist seiner Meinung nach ein Medium der Welterschließung; der Weg führt vom Körperlichen aus, das Kino helfe, uns von „unten nach oben“ zu bewegen – eine Idee, die Kracauer mit Panofsky[109] teilt.

---

[105] Vgl. Panofsky, Erwin (1975 [1955]): S. 47 ff.

[106] Vgl. dazu auch Koch, Gertrud (1996): *Kracauer zur Einführung.* Hamburg; Thal, Ortwin (1985): *Realismus und Fiktion.* Dortmund

[107] Vgl. Kracauer, Siegfried (1985): *Theorie des Films.* Frankfurt. S. 389.

[108] Ebd., S. 395.

[109] „Die Verfahrensweisen aller früheren repräsentativen Kunstgattungen entsprechen zu einem höheren oder geringeren Grade einer idealistischen Konzeption der Welt. Diese Künste operieren sozusagen von oben nach unten, nicht von unten nach oben; sie be-

Kracauers Theorie versucht den Film als ein Medium zu verstehen und zu erklären, das der physischen Realität entspricht, sie registriert und aufdeckt. Die Realität, die gemeint ist, ist die vergängliche Welt, für die er auch zahlreiche Synonyme verwendet: materielle Realität, physische Existenz, Wirklichkeit, Natur, Kamera-Realität. Kracauer kreiert den Begriff der *ideologischen Obdachlosigkeit* für seine Sicht des Wegfalls bindender Normen und die Fragmentierung der Welt durch die Wissenschaft in ihrer Abstraktheit. Die Gegenstände werden ihrer Eigenschaften beraubt, die ihnen all ihre Eindringlichkeit und Kostbarkeit verleihen: „Dies also ist die Situation des modernen Menschen. Er enträt der Führung bindender Normen. Er berührt die Realität nur mit den Fingerspitzen.“[110] In dieser „ideologischen Obdachlosigkeit“ erkennt Kracauer aber einen adäquaten, für die Vernunft „durchlässigen“ Bewusstseinszustand des modernen Menschen überhaupt.

> „Kracauer artikuliert in der ‚Theorie' letztlich eine Artverwandtschaft zwischen seinem Streben nach wertfreier, möglichst unmittelbarer Reflexion des konkreten Seins und dem Wesen der ‚besonderen Kunst' des Films, wie er es empfindet: Entdeckung der Oberfläche der Erscheinungen, Abbildung des Flusses des Lebens, Verzicht auf formgebende Interpretation. Aus der fotografischen Abbildqualität des Mediums erwachse dem Film gleichsam auf natürlichem Wege die Verpflichtung, als Retter der physischen Realität in einer Welt zu wirken, in der die Aussicht auf das Konkrete gewöhnlich durch ‚Ruinen alter Glaubensinhalte' und einem Hang zur Abstraktion versperrt sei, ein Hang, der dazu führe, dass wir die Welt nur noch mit Fingerspitzen berührten.“[111]

Es ist dieses Zeitalter der Entfremdung, aus dem sich Kracauers ästhetische Konzepte erklären.[112] Ästhetische Wahrnehmung und Erfahrung sollen sich, fordert Kracauer, den unteren Schichten der Realität zuwenden. Durch den

---

ginnen mit einer Idee, die in formlose Materie projiziert wird, und nicht mit den Objekten, aus denen die physische Welt besteht [...] Das Kino, und nur das Kino, wird jener materialistischen Interpretation des Universums gerecht, die, ob wir es nun mögen oder nicht, die heutige Zivilisation durchdringt“. Panofsky, Erwin (1975 [1955]): *Sinn und Deutung in der bildenden Kunst (Meaning in the Visual Arts)*, Dumont-Schauberg. Köln.

[110] Kracauer, Siegfried (1985): *Theorie des Films*. Frankfurt. S.382.

[111] Schweinitz, Jörg (1988): Zu Grundlagen des filmtheoretischen Denkens Siegfried Kracauers. In: *Filmwissenschaftliche Beiträge*. Hrsg. v. Hochschule für Film und Fernsehen der DDR „Konrad Wolf“. Nr. 34, 29. Jahrgang. Berlin. S. 124.

[112] Vgl. u.a.. Koch, Gertrud (1996): *Kracauer zur Einführung*. Hamburg; Thal, Ortwin (1985): *Realismus und Fiktion*. Dortmund

radikalen Verzicht auf Kunst soll der Film ein Medium der neuen und unverstellten Erfahrung werden. „Wenn der Film überhaupt eine Kunst ist, dann eine solche, die nicht mit den bestehenden Künsten verwechselt werden sollte.“[113] Jene verzehrten das Rohmaterial, während Filme die sichtbaren Phänomene um ihrer selbst willen registrierten. Durch den Verzicht auf Kunst soll der Film ein Medium der neuen und unverstellten Erfahrung werden. Nach Kracauer soll Film die Vergangenheit „erretten“ und die Wirklichkeit bannen. Die ideale Form ist demnach die gefundene Story. *Theorie des Films* kann deshalb auch in gewisser Weise als Manifest des Neorealismus und als eine Art Resümee einer wichtigen Epoche des filmischen Realismus gesehen werden.[114]

Kracauer spricht sich also gegen die Abstraktion unserer alltäglichen Wahrnehmung und hin zur Sichtbarmachung des Konkreten aus. Seine Denkstruktur wendet sich dabei gegen jegliche Art der Erstarrung, weshalb auch ein gewisser Widerwille gegen das Genrekino – und mit ihm gegen die Konvention – durchkommt.

> „Gerade in der ‚Mechanik' des fotografischen Aufzeichnungsverfahrens sah Kracauer eine Chance. Es gebe eine direkte Spur der abgebildeten physischen Realität. Die präformierte Ideenwelt des Künstlers, die immer schon Abstraktion, konventionelle Form (und auch: Stereotyp) bedeute und darum das Rohmaterial ‚Realität' verschlinge, könne auf dieser medialen Grundlage aus dem Film herausgehalten werden – so seine Hoffnung.“[115]

Etablierte Denk- und Gefühlsmuster sieht Kracauer als erstarrt und deshalb unproduktiv an. Folgerichtig wendet er sich direkt gegen die Verwendung von Allegorien bzw. Symbolen im Film:

---

[113] Kracauer, Siegfried (1985): *Theorie des Films*. Frankfurt, S. 69.

[114] „[...] Darf aber nicht übersehen werden, dass Kracauers ‚Theorie des Films' mit ihrer Affinität zum Dokumentaren, ihrem Plädoyer für die Faszinationskraft subtil beobachteter alltäglicher Wirklichkeit, mit der außerordentlich umfangreichen Aufarbeitung filmischer Gestaltungsmittel und dem großen Bestand an empirischem Material einen wichtigen Beitrag zur theoretischen Erschließung der realistischen Filmstilistik, wie sie im Neorealismus der vierziger und fünfziger Jahre eine Blüte erlebte, darstellt.“ Aus Schweinitz, Jörg (1988): Zu Grundlagen des filmtheoretischen Denkens Siegfried Kracauers. In: *Filmwissenschaftliche Beiträge*. Hrsg. v. Hochschule für Film und Fernsehen der DDR „Konrad Wolf“. Nr. 34, 29. Jahrgang. Berlin. S. 125.

[115] Vgl. Schweinitz, Jörg (2006): *Film und Stereotyp. Zur Geschichte eines Mediendiskurses*. Berlin. S. 112.

> „Man erinnere sich an das lächerliche, ständig wiederkehrende Bild der schaukelnden Wiege in INTOLERANCE, das dazu dient, die mysteriöse Geburt und Wiedergeburt der Zeit, der Geschichte oder des Lebens zu symbolisieren: aus dieser Wiege scheinen viele Aufnahmen in Eisensteins OKTOBER und DIE GENERALLINIE zu kommen. Eine Aufnahme zeigt Kerensky zusammen mit einem Pfau, der ein Rad schlägt, als dem typischen Symbol der Eitelkeit [...] Aber die Verwendung dieser Objekte als Zeichen oder Symbole entleert die Bilder der ihnen immanenten Bedeutungen. Sie bezeichnen etwas, das außerhalb ihrer selbst liegt.“[116]

Zusammenfassend lässt sich feststellen: Sowohl Balázs als auch Arnheim und Kracauer zielen in ihren sonst differenten Ansätzen auf die Sichtbarkeit des Mediums Film. Was die Konzepte eint, ist gekennzeichnet durch den Widerwillen gegen die Abstraktion bzw. gegen die Konventionalität, da diese immer die Abstraktion einführt. Auch das Interesse am Konkreten der physischen Realität, also an dem, was Abstraktionen gewöhnlich ausblenden, bringen Balázs, Arnheim und Kracauer damit zum Ausdruck. Das eher reservierte Verhältnis zur Allegorie bricht erst in der nachklassischen Filmwissenschaft auf, wenn beispielsweise Filmologen versuchen, den Film als Sprache zu untersuchen. Die quasi „antilinguistischen“ Konzepte der klassischen Filmwissenschaft werden abgelöst, der Allegorie somit neue Beachtung geschenkt.

VI. Der Allegorie-Begriff in der nachklassischen Filmwissenschaft

Während sich die Forschung in Literatur und Kunst über den Allegorie-Begriff in ambigen Konzepten zu verlieren scheint, spielt die Beschäftigung mit der Allegorie in der Filmwissenschaft nur eine untergeordnete Rolle. Die Begriffe Allegorie/allegorisch[117] kommen in filmanalytischen Arbeiten meist als rein deskriptive Kategorien vor; eine strukturale Auseinandersetzung – wie etwa in der Literaturwissenschaft oder verstärkt im Kunst-Diskurs über die Postmoderne – findet nicht statt. Das erstaunt, denn bereits 1964 (!) stellt sich der Literaturwissenschaftler Angus Fletcher in seinem zum Standard-Werk avan-

[116] Kracauer, Siegfried (1985): *Theorie des Films*. Frankfurt, S. 277.

[117] So werden beispielsweise häufig abstrakte Filme als allegorisch beschrieben, ohne etwa narratologisch zu klären, wie diese filmischen Allegorien funktionieren.

cierten Buch *Allegory. The Theory of a Symbolic Mode*[118] dem filmischen Modus der Allegorie:

> „This theory maintains rather that a reader can seek the ‚dark conceit' in any iconographic vocabulary. Consider the films: there has been no lack of allegory in recent cinema. The current masters of the film have all attempted works in a 'higher' category of visionary ritual: witness De Sica's *Miracle in Milan*, Clément's *Forbidden Games*, his *Gervaise*, Bergman's *The Seventh Seal*, *The Virgin Spring*, *Through a Glass Darkly*, and *The Magician*, Fellini's *La Strada, La Dolce Vita*, and *The Temptation of Dr. Antonio*, Buñuels *Viridiana*, Antonioni's *L'Avventura* and *La Notte*, Alain Resnais's *Last Year at Marienbad* – while the films written by Marguerite Duras, *Hiroshima Mon Amour* and above all *Une Aussi Longue Absence (The Long Absence)*, follow along in a major surrealist tradition of film making that clearly is iconographic, taking over a procedure established by artists like Clair, Cocteau, and Buñuel. Finally, Eisenstein established the use in Russian films of historically based 'figural realism'."[119]

Offensichtlich scheint vor allem das europäische avantgardistische Kino für Angus Fletcher die Idee der filmischen Allegorie zu transportieren. Für ihn zählt, dass auch die „neue" Kunst nicht auf Allegorie verzichtet. Im Kino findet Fletcher also den Beweis für die Aktualität allegorischer Formen. Seine Argumentation, dass die Allegorie eine nicht nur im Mittelalter verhaftete Kunstform ist[120], sondern über eine kontinuierliche Tradition verfügt, stützt er wiederum auf die von ihm benannten Filmbeispiele:

> „Film makers, like writers, reflect the continuing need for the emblematic mode. Like the writers, film makers find their subjects in the highly charged fields of political and social allegiance; they have often worked in overtly programmatic political or social movements [...]. What matters here is not the precise degree to which alle these artists are 'allegorical', but rather that they may be called allegorical at all. It is important for the scholar of medieval literature to be aware that he is not working in a historical vacuum. He is working in a continuing tradition that has never at any time died, that will last as long as the artist is capable of doubt and anxiety and hope."[121]

---

[118] Vgl. Fletcher, Angus (1964): *Allegory. The Theory of a Symbolic Mode*. Cornell University Press. Ithaca. New York.

[119] Vgl. ebd. S. 365 ff.

[120] Damit tritt auch hier wieder die wechselvolle Geschichte der Allegorie zu Tage, die lange Zeit aus der Wissenschaft verbannt war. Wie bereits erwähnt, kam es erst nach und nach zur Rehabilitation des Begriffs durch Benjamin, De Man oder in diesem literaturgeschichtlichen Teilgebiet auch durch Angus Fletcher.

[121] Vgl. Fletcher, Angus (1964): *Allegory. The Theory of a Symbolic Mode*. Cornell University Press. Ithaca. New York. S. 367.

Anders als in der klassischen Filmwissenschaft erfährt der "emblematic mode" hier keine Kritik, sondern wird von Fletcher als Kunstmittel im Film estimiert.

Ebenfalls ein Brückenschlag über die Disziplinen wagt Susanne Knaller[122], die, ausgehend von der Postmodernismus-Debatte der zeitgenössischen Kunst, ein filmisches Allegorie-Modell befürwortet, das sie von Roland Barthes ableitet. Sie verweist auf Barthes' Essay zu Sergej Eisenstein:

> „Auch wenn Barthes den Begriff der Allegorie nicht explizit verwendet, ist sein Schema für das Verstehen des spezifisch Filmischen bzw. einer Lektüre von Filmen allegorisch konzipiert, wenn er zunächst zwischen einer informativen und symbolischen Ebene, die er auch ‚sens obvie' nennt, unterscheidet, um dann eine weitere, dritte Bedeutung auszumachen, den ‚sens obtus'."[123]

Es ist vor allem Barthes' „dritter Sinn", den Knaller mit einem allegorischen Konzept gleichsetzt. Denn weder die informative noch die symbolische Ebene werden ersetzt, sie werden durch die dritte, nicht-referentielle Bedeutung ergänzt. Diese dritte Ebene zeigt sich erst durch das Anhalten des Filmbildes.

> „Daher unterbrechen die Standbilder, in denen sich der ‚dritte Sinn' zeigt, die lineare Bewegung der Narration; sie erweitern die horizontale, syntagmatische Lektüre durch eine vertikale, paradigmatische, die Diskurse des Ästhetischen und der Identitätsbestimmung aufzeigt."[124]

Diese vertikale Lektüre allegorischer Tendenzen wird von Knaller besonders auf zeitgenössische Videokunst angewandt. Die Argumentation bleibt allerdings nur innerhalb des Kunst-Diskurses schlüssig.[125]

Lediglich knapp angerissen werden soll Anke-Marie Lohmeiers entwickelte „Hermeneutische Theorie des Films". Angetreten, für die Filmwissenschaft eine kohärente Grammatik als Voraussetzung „für eine textgrammatische Analyse konkreter Filme" zu definieren, überträgt sie von der Literaturwissenschaft her kommend deren Strukturen. Dem Medium Film eigene immanente Strukturen ignorierend, operiert sie mit den auch in der antiken Rhetorik ge-

---

[122] Knaller, Susanne (2003): *Zeitgenössische Allegorien – Literatur, Kunst, Theorie*. Fink. München. S. 174 ff.

[123] Ebd. S. 175.

[124] Ebd. S. 175.

bräuchlichen Begriffen *proprietas* und *improprietas* als zwei Grundformen der Sprachverwendung, die die eigentliche und uneigentliche Verwendung von Wörtern bezeichnet. Lohmeier stellt dabei dogmatisch fest: „Für den Film sind drei metalogische Redewendungen von Belang: Allegorische, symbolische und vergleichende Rede.“[126] Auch wenn zugegeben wird, dass „die Einführung der literaturwissenschaftlichen Formbegriffe Allegorie und Symbol in die filmwissenschaftliche Terminologie einige Umstände macht“[127], wendet sie die Allegorie dennoch ohne nennenswerte Modifikation auf das Medium Film an. Denn: „Die hier vorgelegte Begriffsbestimmung ist medienunspezifisch und daher auf sprachliche Sachverhalte ebenso anwendbar wie auf filmische.“[128] Unter dem Aspekt „Allegorische Sinnsignale“ sieht sie das Kardinalsproblem des Films.

> „Die Oberflächengenauigkeit, der ‚Naturalismus‘ filmischer Bilder macht es nun aber schwer, auf der Ebene der eigentlichen Bedeutung fotografierter Bilder solche semantischen Ambiguitäten zu erzeugen. Das ist der Grund, warum filmische Allegorien in aller Regel auf *sprachliche Polysemien* zurückgreifen.“[129]

Lohmeier blendet an dieser Stelle nicht nur die komplexen Strukturen einer narrativen Instanz aus, auch ganz basale formale Muster wie etwa die Montage werden nicht weiter problematisiert.[130]

---

[125] Dabei verbindet Knaller das Konzept Barthes, das filmische Bild als Köder zu sehen, mit der Psychoanalyse Lacans. Sie schlussfolgert, dass im Kino der Blickraum selbst und seine Funktionsweisen allegorisch freigelegt werden können. Vgl. ebd., S. 222 ff.

[126] Vgl. Lohmeier, Anke Marie (1996): *Hermeneutische Theorie des Films*. Niemeyer. Tübingen. S. 322. Anzumerken wäre an dieser Stelle, dass beispielsweise auch die Ironie unter das Kapitel der uneigentlichen Rede fällt und diese sehr wohl auch filmanalytische Relevanz besitzt.

[127] Ebd., S. 322.

[128] Ebd. S. 348.

[129] Ebd. S. 350.

[130] Anhand von Stummfilm-Analysen wäre das Argument, filmische Allegorie-Sinnsignale müssten in aller Regel über sprachliche Polysemien eingeführt werden, zudem widerlegt.

D. Abstraktheit und Unmittelbarkeit als rhetorische Klammer

I. Die Todes-Figur zwischen Personifikation und Psychologie

Wenn Allegorien, wie gesehen, zumeist als allegorische Chiffren verstanden werden – wie gelingt es dann im Film individualisierte Zugänge zur Figur des personifizierten Todes zu schaffen? Die Antwort soll für die Analysen in einer „rhetorischen Klammer" gefunden werden, die in sich die beiden Pole der Abstraktheit und Unmittelbarkeit fasst. Diese Dialektik kann in Bezug auf die Beispielfilme DER MÜDE TOD, KÖRKARLEN und DET SJUNDE INSEGLET produktiv gemacht werden. Denn der Illusionismus des Kinos bedingt ja gerade die Ausarbeitung der Figur des personifizierten Todes, um für sie Empathie empfinden zu können.

Durch das Einschreiben einer individuellen Psychologie schält sich die Figur aus ihrer Bedeutung als Personifikation, sie wird in ihrer Körperlichkeit „greifbar". Somit geht aber das Erleben der Figur über die bloße Entschlüsselung der Allegorik hinaus. Dass diese gleichwohl erhalten bleibt und sich dennoch in einer Art Unmittelbarkeit zweiter Ordnung auflöst, diese Antinomie ist leitend für die Analyse.

Abb. 2: Zu Beginn der Filme KÖRKARLEN (links) und DER MÜDE TOD steht die Figur des personifizierten Todes noch als abstrakte Chiffre, gekennzeichnet durch konventionalisierte Symbole wie Sense, Skelett und schwarze Kutsche. Während des filmischen Verlaufs jedoch wandelt sich der Schnitter zur „Persönlichkeit".

E. Märchen, Metaphysisches und ein müder Tod

I. Die ambivalente Figur des Schnitters

> „Der erste Eindruck ist verblüffend; hier geschieht etwas, das an die Seele geht, das im deutschen Gemüt ein Echo weckt, denn ein Mädchen sucht den Geliebten und betritt den Saal des Lebens mit den tausend Lichtern. Die Erinnerung baut Brücken in die Kindheitswelt und erschüttert betritt man Märchenland; bang hält man den Atem inne und fühlt wie ein Kind Entsetzen vor dem großen Letzten."

So rezensiert der Film-Kurier am 7. Oktober 1921[131] die Aufführung von Fritz Langs DER MÜDE TOD. Vergleicht man weitere zeitgenössische Filmkritiken, fällt vor allem eines auf: Als Sensationsfilm von der Produktionsfirma Decla angepriesen, werden die innovativen Filmtricks zwar würdigend zur Kenntnis genommen, in nahezu allen Rezensionen stehen aber die Figuren des personifizierten Todes und des Mädchens im Zentrum. Vor allem beeindruckt die ambivalente Figur des Schnitters die Kritiker. So schreibt etwa die Neue Preussische Kreuz-Zeitung am 9. Oktober 1921:

> „Ganz abseits vom Herkömmlichen mit den wüsten Verfolgungsszenen und ganz auf Trick gestellten Szenen ist in dem neuen Kinowerk Kunst, reine erfreuende Kunst geschaffen worden. Ein schlichtes Volksliedthema wurde genommen und zu einem Erleben für den Beschauer gemacht. Der allgütige Tod, den niemand bezwingen kann, der nur so ernst aussieht und doch so barmherzig ist, wird von Bernhard Götzke überzeugend dargestellt."[132]

Das ambige Konzept der Figur zwischen abstrakter Absolutheit und menschlichem Makel – „der allgütige Tod [...], der nur so ernst aussieht und doch so barmherzig ist" – beschäftigte also bereits das zeitgenössische Publikum. Siegfried Kracauer wagt sich sogar noch weiter, wenn er für DER MÜDE TOD feststellt:

> „Durch die filmischen Mittel eher als durch die Handlung tritt das menschliche Wesen des Todes zutage [...] Gerade dadurch, dass der Film den Agenten des Schicksals vermenschlicht, betont er die Unwiderruflichkeit der vom Schicksal getroffenen Entscheidungen. Verschiedene filmische Kunstgriffe dienen analogem

[131] Vgl. Kopie des Film-Kuriers in der *Sammlung Burgmer*, eingesehen im Filmmuseum Düsseldorf.

[132] Ebd. Rezension erschien auf einer doppelseitigen Anzeige der *Decla* in: Der Film, 23. Oktober 1921, Nr. 43, S. 34-35.

> Zweck; so, als seien die Bilder darauf angelegt, der Vorstellung des Zuschauers die unerbittliche, ehrfurchtheischende Natur des Schicksals aufzuzwingen."[133]

Zum Inhalt des Films: Die Assoziation des Märchen-Lands aus dem Film-Kurier ist wohl von Lang gezielt intendiert, gestaltet sich doch bereits der Vorspann in einem bewussten Märchenduktus. Unter dem Titel „Die Gestalten des Spiels" stehen die Namen des Liebespaares, Lil Dagover und Walter Janssen, gefolgt von dem Tod, Bernhard Götzke. Nach der Nennung aller „Gestalten" endet der Zwischentitel mit dem Satz: „Irgendwo und Irgendwann." Der folgende Zwischentitel, „Ein deutsches Volkslied in sechs Versen", unterstreicht das Legendenhafte und obwohl mit der Zeitangabe „Irgendwo und Irgendwann" ein offener Erwartungshorizont etabliert ist, weist der Sprachduktus der ersten Zwischentitel und des ersten Verses bereits auf die Verortung der Mise-en-scène hin: Lang bemüht die Romantik und die Biedermeier-Zeit als Referenz für sein filmisches Volkslied. Es folgt die bereits beschriebene Eröffnungssequenz mit der schwarzen Postkutsche, dem ersten Zusammentreffen am Wegkreuz – sowohl symbolisch anhand der Wegweiser, aber auch christlich-mythologisch durch die markante Kadrierung des Todes mit dem Steinkreuz. Während die Alte flieht, gesellt sich der Tod in die Kutsche neben das junge Liebespaar.

Der Eröffnungssequenz folgt ein Zeitsprung, übergeleitet durch den Zwischentitel „Die Stadt von vorgestern". An dieser Stelle kommt es nicht nur zu einem Bruch in der Linearität der Narration, auf die sinistre Anfangssequenz folgt zudem ein Wechsel in der Stimmung. Gezeigt wird der Stammtisch der Stadtschenke, an dem sich täglich Honoratioren wie Bürgermeister, Pfarrer, Lehrer, Notar und Apotheker, einfinden. In Einzelbildern und offen karikiert stellt der Film die Herrschaften vor. Obwohl für den Fortgang der Narration nur von marginaler Bedeutung, fällt die starke Gewichtung dieser Figuren in den zeitgenössischen Rezensionen auf. In den meisten werden sogar die Namen der Schauspieler genannt.[134] Über dieses Stammtischgespräch – die orale Tradition ist wohl in bewusster Weise als Anlehnung an eine Märchen-

---

[133] Kracauer, Siegfried (1984 [1947]): *Von Caligari zu Hitler*. 4. Auflage. Frankfurt. S. 99.

[134] So etwa im *Film-Kurier* vom 7. Oktober 1921 oder in der *Berliner Börsenzeitung* vom 9. Oktober 1921. Wörtlich heißt es hier: „Gelungene Kleinstadttypen Hans Sternberg,

erzählung gewählt – erfährt der Rezipient, was den mysteriösen Fremden in der Stadt umtreibt. In kurzen Episoden unterstützen filmische Bilder das Erzählende der Zwischentitel, so etwa die Begegnung mit dem Totengräber, der den Fremden als „seltsam bekannt" beschreibt bis zur Ratsversammlung, als der Schwarzgewandete das Brachland neben dem Friedhof ersteht und um diesen Besitz eine hohe Mauer ohne Eingang zieht. Just, nachdem die Eckpunkte der Erzählung etabliert sind, taucht das junge Paar in der Schenke auf, gefolgt von dem Fremden, dessen Anblick die Schar der Bürgerlichen am Stammtisch sofort verstummen lässt. Es folgt ein Getändel der jungen Liebenden mit dem so genannten Brautbecher der Schenke, der in Folge einer Phantasmagorie der Braut zu Bruch geht: Ihr Blick fällt auf den Schatten des Bierglases des mysteriösen Fremden, das sich vor ihren Augen – repräsentiert durch Doppelbelichtung – in ein Stundenglas, das Insignium des Todes, verwandelt. Eine Szene, die noch näher analysiert werden soll.

Nach diesem Schockmoment eilt die Braut in die Küche, um Lappen und Eimer zu holen. Dort lenkt sie ein Hundewelpe (an dieser Stelle als Synonym für das Leben zu sehen) von dem eben Gesehenen ab, doch als sie den Welpen zusammen mit einem Kätzchen ihrem Liebsten präsentieren will, ist der Platz am Tisch leer. Auch der Fremde ist weg. Sie fragt die Stammtisch-Schar, die ihre Vermutung bestätigt: Der mysteriöse Mann begleitete den Bräutigam hinaus, der Bettler am Eingang der Schenke zeigt zwar noch in die Richtung des Entschwindens, doch mehr weiß auch er nicht zu berichten. Das Motiv des Nachtwächters, der im Folgenden des Films immer wieder kurze Auftritte hat, ist zum einen als Anleihe aus der tradierten Symbolik der Romantik zu sehen, zum anderen strukturiert es aber auch durch seine stetige Wiederholung in erheblichem Maße die erzählte Zeit.

Inzwischen bricht die Nacht herein und die junge Frau streift vor den Toren der Stadt umher, um ihren Liebsten zu finden. Ein Bild – wiederum in ikonographischer Tradition der Romantik – zeigt eine krumme Weide auf einem Hügel, am Himmel steht der Vollmond. An dem hohen Wall neben dem Gottesacker eingetroffen, sieht das Mädchen die zweite Phantasmagorie: An der

---

Carl Rückert, Max Adalbert, Wilhelm Diegelmann, Erich Pabst, Hermann Picha, Karl Platen."

Abb. 3: Das klassische Reigenmotiv des Totentanzes: In Doppelbelichtung zeigt Fritz Lang Menschen aller Stände auf dem Weg ihres Übertritts ins Totenreich.

Mauer kauernd, wandeln Gestalten – erneut in Doppelbelichtung – direkt in ihre Richtung (Abb. 3). Es sind junge und alte Menschen, Bettler und wahrhaftige Könige, Künstler und Bauern, die durch die Mauer neben der Frau hindurch wandern. Dazwischen erkennt sie auch ihren Liebsten, doch er hört ihr Schreien nicht. An dieser Stelle greift Lang explizit das Totentanz-Motiv auf, indem er Menschen aller Stände auf dem Weg ihres Übertritts zeigt.

Überwältigt von dieser Vision bricht das Mädchen zusammen. Der in der Vollmondnacht Kräuter suchende Apotheker findet sie und nimmt sie mit zu sich. In der alten Apotheke, ein Ort voller allegorischer Zeichen, entschließt sich die junge Frau zum Tod durch Gift, nachdem sie das Bibelzitat „Liebe ist stark wie der Tod“ gelesen hat.

Wiederum bricht der Film in seiner Stimmung und eröffnet eine weitere Erzählebene, jetzt rücken Schnitter und Braut ins Zentrum. Evident ist hier also eine Spielart des Motivs „Der Tod und das Mädchen“. Nach einem harten Schnitt, dem das Ansetzen des Gifts an die Lippen der jungen Frau vorausging, sehen wir eine spitzbogige Öffnung in der endlosen Mauer, in der eine steile Treppe hinauf weist. Oben an der Treppe wartet der Tod und fragt die Ungerufene nach ihren Absichten. Sie dagegen fordert den Bräutigam zurück. Der Saal der Lichter, in den sie der Tod führt, zeigt, wie unausweichlich das Schicksal ist. Es folgen kurze Episoden, die das Auslöschen des Lebenslichts szenisch symbolisieren. Danach kommt es zum Handel: Der Tod willigt ein, den Liebsten zurückzugeben, wenn das Mädchen es nur einmal schafft, ihn zu bezwingen.

Die drei darauf folgenden Binnenepisoden spielen jeweils zu unterschiedlichen Zeiten und an unterschiedlichen Orten, aber immer mit demselben Motiv. Der Metaphorik des Todes als universelle Konstante wird auf diese Weise Ausdruck verliehen. Im Morgenland verliert die Sultanstochter ihren Geliebten durch die Rache ihres Bruders. In der venezianischen Sequenz, versetzt in die Zeit der Renaissance, stirbt der Liebhaber durch ein Intrigenspiel und in der letzten, chinesischen Episode – die vor allem durch eine Vielzahl innovativer kinematographischer Tricks für Furore sorgte – misslingt es der jungen Frau wiederum, den Sieg über den Tod davon zu tragen.

Nach diesen Zwischenepisoden finden sich der Tod und das Mädchen im Saal der Lichter wieder, eine letzte Chance soll es haben, denn der Schnitter ist seines Amtes überdrüssig. Bringt ihm die Frau noch vor Mitternacht eine Seele, die bereit ist, ihr Leben als Tausch für den Bräutigam zu opfern, sollen die Beiden in irdischen Gefilden wiedervereinigt werden. Der Wettlauf mit der Zeit beginnt, doch niemand will auf den Handel eingehen: weder der betagte Apotheker noch der kranke Bettler. Die junge Frau findet sich in einem brennenden Haus wieder, unter dem feuerlodernden Dachstuhl liegt ein Säugling, dessen Mutter in der Schar der Leute rund um das Haus bitterlich weint. Die junge Frau nimmt das Baby aus der Wiege, hält es in ihrem Arm und schon sieht sie die ausgestreckten Arme des Todes, der das junge Leben in Empfang nehmen will. Doch das Schreien der Mutter lässt sie zögern – um darauf hin das Kind aus dem Fenster in die sicheren Arme der Retter zu übergeben. Sie selbst steht gemeinsam mit dem Tod im Flammenmeer und bittet ihn, ihr Leben zu nehmen. Behutsam nimmt er ihre Hand, drückt sie an sich und via Doppelbelichtung tauschen die beiden erneut die filmischen Räume. Der Tod führt sie in eine Art Leichenhalle, auf einer Bahre sieht sie ihren Geliebten. Im Moment, da sie vor ihm niedersinkt, springt der Film zurück zu dem brennenden Haus: Der Dachstuhl bricht in den Flammen zusammen, die um das Haus stehende Schar fällt auf die Knie, weil der Tod der jungen Frau auf diese Weise besiegelt ist.

Das Schlussbild ist ein versöhnliches, führt der Tod die beiden Liebenden doch in seinem Reich wieder zusammen und am Ende gehen sie Hand in

Hand Richtung Horizont. Wie ein Postskriptum wirkt das tatsächliche Ende des Films, wenn erneut der Nachtwächter sein Lied von der Uhr singt. Tatsächlich aber wird so die erste Erzähl-Ebene des Films wieder erreicht, wechselt das Geschehen aus dem (Todes-) Reich des Märchens zurück in das Bild des Volkslieds.

II. Der Tod und das Mädchen

Wie bereits angerissen, spielt DER MÜDE TOD mit verschiedenen Ebenen der Bedeutung innerhalb der Narration. Gewisse Inszenierungsstrategien schaffen parallele Welten, deren Mittler lediglich die beiden Hauptfiguren des Films sind: der Tod und das Mädchen. Im Folgenden soll eine Analyse dieses Figurenpaares zeigen, welche narratologischen Eigenheiten sich aus dieser Konstellation ergeben.

Interessanterweise startet DER MÜDE TOD nach dem einleitenden Zwischentitel, der bereits die Szene vorweg beschrieben hat, nicht in medias res mit dem wartenden Schnitter. Vielmehr steht eine unfokalisierte Einstellung am Beginn, zu sehen sind lediglich eine staubige Straße und ein Busch. Der aufbrausende Wind wirbelt den Staub zu einer Säule in die Luft und aus dieser formt sich mittels Überblendung der Tod. Neben einem Wegkreuz steht er unbeweglich da, wartend. Diese kurze Eröffnungssequenz weist bereits über den Erzählrahmen hinaus, zeigt mit kinematographischen Mitteln, dass sich die Figur durch das plötzliche Auftauchen aus dem Nichts auch über eine mystische, allegorische Ebene speist. Diese Ebene öffnet sich zu Beginn allerdings nur dem Rezipienten, intradiegetisch finden sich keine Zeugen, die das Auftauchen des Todes durch den staubigen Wind verfolgen.

Ein Schnitt zeigt im Anschluss die über eine Brücke fahrende Postkutsche, es folgen Aufnahmen aus dem Innenraum des Vehikels. Darin sitzen die bereits im Zwischentitel als liebestrunken und lebensfroh Beschriebenen. Ikonographisch durch einen Strauß frischer Blumen als Braut gekennzeichnet, wird die Jugend der Frau über den Kontrast zu der vis-à-vis sitzenden und schlafenden Mitreisenden, einer alten Dame, betont. Ganz eindeutig baut der Film an dieser Stelle bereits Sympathie für das junge Paar auf, das durch Neckereien – wie beispielsweise den Kuss – als Inbegriff der unbeschwerten Liebe inszeniert wird. Durch die Beobachtung des Kusses wird der Zuschauer in die Rolle eines Voyeurs versetzt und in seiner exklusiven Ausrichtung auf das Paar bestärkt. Der einzige Zeuge der Zärtlichkeit bleibt der Rezipient, denn die mitreisende Frau schläft, selbst ihrer Gans im Korb verband der Bräutigam vor dem Kuss die Augen. Das Lachen und Kokettieren verschwindet erst in jenem Moment, als der Tod die Fahrt der Kutsche stoppt.

Die folgende Sequenz beinhaltet typische Merkmale für den Aufbau einer Sympathiestruktur, wie sie von Murray Smith beschrieben werden. Sinnbildlich werden nach dem Ausstieg der alten Frau, der gleichsam als Flucht gedeutet werden kann, die verbleibenden Figuren – das Paar und der Schnitter – antinomisch inszeniert: Die Liebenden sitzen auf der einen Seite, durch die Tändelei sind sie stark transparent, nahezu als Verkörperung der Liebe und der Lebensfreude, inszeniert. Gegenüber dagegen findet sich der Schnitter. Er erscheint durch seine starre Mimik, seine hölzernen Gesten und den sprechenden schwarzen Mantel als undurchsichtig. Das temperamentvolle liebestrunkene Verhalten des Paares, das sich nach dem Zustieg des Fremden in ein stark ängstliches wandelt, und die unterkühlte Haltung des Todes belegen in dieser Eröffnungssequenz zudem Smith' Beobachtung, dass das Schauspiel den Zugang zur inneren Befindlichkeit der Figuren öffnet. Die enge Kabine der Kutsche verdichtet zudem den Kontrast zwischen den Figuren des Todes und der Liebe.

Dieses Muster zwischen dem direkten Kontrast transparenter und undurchsichtiger Figuren bestimmt zunächst auch die Wirtshaus-Sequenz nach dem Ende der Kutschfahrt. Die folgende lange Totale zeigt das aus der Kutsche steigende und die steilen Treppen zum Wirtshaus hinauf stürmende junge Paar. Erst nach einer geraumen Weile steigt auch der Tod behäbig aus, sein Weg führt ebenfalls in das „Goldene Einhorn".

Wichtige Merkmale für eine moralische Orientierung erhält der Rezipient in dieser Sequenz unter anderem über die Figur der Wirtin, die mit ihren Blicken die neuen Gäste abschätzt. Das Paar und der Tod sitzen am gleichen Tisch, doch während die Wirtin den finsteren Gast nur schräg von der Seite kritisch würdigt, geht sie mit offenen Armen auf das Brautpaar zu. Das erwidert ihre spontane Zuneigung. So gesehen findet sich hier eine sehr demonstrative Art des von Smith als *„co-text"* beschriebenen Phänomens, der die moralische Orientierung durch Figuren ermöglicht. Die Dichotomie zwischen dem sympa-

Abb. 4: Der Tod (Bernhard Goetzke, links) erntet misstrauische Blicke, für den Rezipienten ein wichtiger Hinweis für den Aufbau der Moralstruktur innerhalb des Figurenensembles. Abb. 5: Das fidele Mädchen (Lil Dagover) mit den jungen Tieren auf der einen Seite und das unheimliche Verschwinden des Bräutigams auf der anderen Seite symbolisieren die Präsenz des Todes inmitten des Lebens, visualisiert im Blick der jungen Frau auf den leeren Platz.

thischen Paar und dem unsympathischen Fremden wird an dieser Stelle über die Nebenfigur der Wirtin weiter ausgebaut (Abb. 4).

Wie bereits beschrieben, folgt die Szene mit dem Brautbecher und der Phantasmagorie des Mädchens, in dem es die Transformation des Bierglases in ein Stundenglas beobachtet. Diese Schlüsselszene ist über einen Point-of-View-Shot gelöst, die Narration ist in diesem Moment durch das Mädchen fokalisiert. Zum ersten Mal findet hier *eine* der intradiegetischen Figuren den Zugang zu einem allegorischen Raum, wie er bereits mit dem Auftauchen des Todes aus einer Staubwolke inszeniert wurde.

Die Phantasmagorie dient als Auslöser für eine fortan exklusive Ausrichtung der Narration an dem Mädchen, bis zu ihrem „Eintritt" in das Todesreich. So wechselt sie nach dem Bruch des Brautbechers die Räume und lässt den Geliebten gemeinsam mit dem Tod am Tisch, während sie in der Küche nach einem Lappen sucht, sich aber sofort in kindlicher Manier auf ein Spiel mit dem jungen Hund und der Katze einlässt. Nicht nur die Ausrichtung, also das *alignment*, auf das Mädchen verstärkt sich ab diesem Punkt, sondern auch die Parteinahme, die *allegiance.* Der Zuschauer reagiert bereits emotional auf ihre Handlungen: Nach der grausigen Vision heitert sich die Stimmung des Mädchens in dieser Küchenszene sofort wieder auf. In geradezu lehrbuchmäßiger Form folgt die Inszenierungsstrategie hier also der von Murray Smith als „*behaviour towards pets*"-Schema bezeichneten Form. Dieser emotionale Eindruck der Heiterkeit steigert kontrastiv den Effekt der folgenden Szene: Das Mädchen will ihren Liebsten mit der Katze und dem Hund überraschen, doch als sie mit den jungen Tieren die Wirtsstube betritt, fällt ihr Blick auf einen leeren Tisch. In einer Nahaufnahme zeigt sich, wie ihr Lachen sofort einem entsetzten Gesichtsausdruck weicht (Abb. 5).

Der leere Platz steht hier als Metapher für den Tod und überrascht durch die exklusive Bindung an die junge Frau in der vorangegangenen Szene auch den Rezipienten. Mit dieser Ellipse verheimlicht der Film also, wie der Tod den Bräutigam mit sich lockte, das Geheimnis des Todes bleibt gewahrt. Mehr noch als die kulturellen Symbole des Stundenglases und des Skelettmannes aus der vorangegangen Phantasmagorie zeigt der leere Platz an dieser Stelle die Macht des Todes. War die Vision noch als böser Tagtraum zu deuten – was die über die Augen wischende Bewegung des Mädchens nach der Vision verdeutlichte – ist die Situation an dieser Stelle in der Diegese eine reale. Sie symbolisiert durch das fidele Mädchen mit den jungen Tieren auf der einen Seite und dem plötzlichen und unheimlichen Verschwinden des Bräutigams auf der anderen Seite die Präsenz des Todes inmitten des Lebens, visualisiert im Blick der jungen Frau auf den leeren Platz.[135]

In dieser Sequenz sind es also die beiden Hauptfiguren, der Tod und das Mädchen, die einander gegenübergestellt bis zu diesem Zeitpunkt maßgeblich die Moralstruktur des Filmes prägen. So steht auf der einen Seite der undurchsichtige Fremde, der dem Mädchen seinen Geliebten raubt. Auf der anderen Seite eben die transparent inszenierte Figur der Frau, die mit ihren verliebten Gesten und dem Verhalten (gegenüber Tieren) eine emotionale Teilhabe ermöglicht. Durch diesen kontrastiven Aufbau deutet sich die Übersteigerung ins Symbolische an. Bei beiden Figuren ist demnach ihr allegorischer Charakter bereits spürbar, gilt doch der *Tod und Mädchen* als kulturell eingeführte Allegorie und in der bildenden Kunst als „stehendes" Motiv.

[135] Zur ikonographischen Strategie des leeren Platzes bei Lang vergleiche auch Gunning, Tom (2000): *The Films of Fritz Lang. Allegories of Vision and Modernity*: „Here Lang offers for the first time what will become, as his career progresses, his ultimate image of the presence of death, a place left empty where people should be." S. 25.

Der Überraschungseffekt des leeren Platzes und die hilflose Situation, die Mitleid für die Figur der Frau erregen, setzen sich in der Suche nach dem Geliebten fort. Verzweifelt irrt das Mädchen durch den Ort zur Stadtgrenze – es ist bereits Nacht – bis sie ein zweites Mal einen phantasmagorischen Einblick erhält: Die Mauer, bis zu diesem Zeitpunkt als endlos erscheinend (sie füllt in Höhe und Breite stets das Filmbild und die Menschen vor der Mauer schrumpfen in der Totale zu Zwergen), öffnet sich. Durch sie hindurch wandert eine Schar Toter aller Stände, gemäß dem kunsthistorischen Vorbild der Totentänze. Das Mädchen erkennt den bis dahin sinnlos erscheinenden Wall jetzt als Grenze zwischen dem Reich der Lebenden und der Toten.

Die dazu parallel inszenierte Kräutersuche des Apothekers in der Vollmondnacht in Friedhofsnähe ermöglicht nicht nur einen direkten narrativen Anschluss, in dem er das ohnmächtige Mädchen findet und mit sich nimmt. Vielmehr umspielt der Film hier wiederum eine Art Zeugen-Motiv, das bereits in der ersten Phantasmagorie im Wirtshaus evident wurde. Dort wandelten sich die Gegenstände auf dem Tisch in die ikonographischen Symbole des Todes, wie bereits erwähnt durch einen Point-of-view-shot des Mädchens motiviert. Doch ebenso wäre bildlogisch betrachtet in dieser Situation die Vision auch für den Bräutigam sichtbar gewesen. Dass dieser die Wandlung der Gegenstände aber nicht bemerkt, stärkt den Fokus auf eine Art Zweigesichtigkeit der Braut. Der gleiche Modus findet sich ebenso in der Vollmondnacht. Auch hier wäre es dem Apotheker bildlogisch betrachtet möglich, den Einzug der Toten durch die Mauer zu sehen. Er bleibt allerdings lediglich eine Art Abgrenzungsfigur, die Exklusivität des Zugangs zur Überwelt ist der Frau vorbehalten.

Mit diesen Inszenierungsstrategien ist bereits ein hierarchisches Beziehungsgeflecht zwischen den Figuren etabliert. Als Hauptfiguren agieren der Tod und das Mädchen. Gemeinsam grenzen sie sich durch das Erkennen der Visionen von den Nebenfiguren ab. Innerhalb dieses Geflechts der Hauptfiguren gibt es zudem aber eine weitere erkennbare Inszenierungsstrategie: Der Tod und das Mädchen werden als Gegenspieler aufgebaut. Narratologisch mit der Sympathiestruktur von Smith betrachtet, findet sich auf der einen Seite die undurchsichtige Figur des Todes, Rückschlüsse auf deren innere Zustände sind bislang nicht möglich. Obwohl bei beiden Figuren bis zu diesem

Zeitpunkt eine enge zeitlich-räumliche Bindung besteht, bekommt der Rezipient lediglich einen Zugang zum Innenleben der jungen Frau: als Liebende und danach als verzweifelt Suchende. Die enge zeitlich-räumliche Bindung an beide Hauptfiguren vereinfacht zudem die Etablierung der Moralstruktur, die zur Parteinahme für das Mädchen führt. Ausschlaggebend hierfür ist wiederum die Inszenierung der Figur des Todes als undurchsichtig und finster. Wie eingangs erwähnt, geschieht die moralische Bewertung auch aufgrund des Handelns des Todes: Er „verschont" die alte Mitreisende aus der Kutsche und holt stattdessen den jungen Bräutigam. Ab dieser Situation fungiert er, so scheint es zunächst, als direkter Gegenspieler des Mädchens. Dieses ist durch seine jugendliche Verliebtheit und sein offenes Agieren als Kontrast zum Tod gesetzt. Wie bereits angedeutet, werden beide Figuren bis zu diesem Punkt durch die symbolische Übersteigerung zu Personifikationen. Das geschieht zum einen eben durch den extrem kontrastiven Aufbau, aber auch durch die kulturelle Besetzung der Figuren: Das junge, sinnenfreudige Mädchen ist konventioneller Antipode des personifizierten Todes.

Ab dem Zeitpunkt der ersten Phantasmagorie wechselt der Fokalisierungscode, bis zum vermeintlichen Selbstmord des Mädchens ist der Rezipient exklusiv an ihre Figur gebunden. Das beharrliche Suchen des Mädchens nach dem Geliebten und ihre Verzweiflung bestärken die gesetzte Moralstruktur. Der Rezipient sympathisiert mit der Trauernden, weil er ihr Verhalten als der Situation angemessen wertet.

Diese Struktur bricht in gewisser Hinsicht im Saal der Kerzen auf. Zu jenem Zeitpunkt also, wenn der Film die bis dahin etablierte diegetisch „reale" Ebene verlässt. Verlassen wird hierbei auch die exklusive Fokalisierung über das Mädchen, vielmehr wechselt die Erzählstruktur zu einer narrativen Instanz. Die objektive Sicht ermöglicht, dass der Tod und das Mädchen in dieser Sequenz zu einer *alignment unit*, also einer Ausrichtungs-Einheit im Sinne Smith', werden, was durch die gesetzte Dichotomie der beiden Figuren nicht möglich war. Die zuvor aufgebaute Antinomie der beiden Personifikationen wird also wieder aufgebrochen, der erreichte Grad der Abstraktheit somit zumindest partiell aufgehoben. Ein Moment der Unmittelbarkeit wird eingeführt – unter anderem durch die Teilhabe an der „zweiten Wirklichkeit" und das Eindringen in das Reich der Kerzen. So wird Gelegenheit gegeben, die Figur

Abb. 6: Mit dem Eindringen des Mädchens in das Totenreich ändert sich die Moralstruktur innerhalb des Figurenensemles. Waren bis zu diesem Wechsel der Tod und das Mädchen als klassische Antipode konstruiert, bilden sie fortan ein Paar.

des personifizierten Todes neu zu bewerten. Möglich wird dies durch die Wandlung des Schnitters von jenem undurchsichtigen Schwarzkittel in einen – jetzt transparenten – Berufsmüden. Wiederum manifestiert sich der Übergang im Schauspiel. Waren die Mimik und Gestik des Todes zuvor noch starr und unbeweglich, so zeigen die Nahaufnahmen nun ein bewegtes und leidendes Gesicht.

Das Eindringen des Mädchens in das Todesreich markiert diesen Wechsel. Sie schreitet die anscheinend endlose Treppe durch das spitzbogige Tor in der Mauer hinauf. In einem Lichtkegel erwartet sie bereits der Tod auf einer der Stufen. Zum ersten Mal stehen sich die beiden direkt gegenüber und die übermächtige Statur des Todes bekräftigt seine väterlichen Züge, die der Dialog vermittelt: „Was willst Du Kind in meinem Reich? Ich hab Dich nicht gerufen." Die junge Frau antwortet, sie wolle dahin, wo ihr Geliebter ist. Ab diesem Zeitpunkt ändert sich die Haltung des Schnitters: Er streckt langsam beide Arme aus, bereitwillig legt das Mädchen seine Hände in die seinen und lässt sich von ihm die Treppe hinauf geleiten (Abb. 6). Diese Symbolik der Zuneigung verstärkt der direkte Blickkontakt der Beiden. Durch eine Überblendung finden sich die zwei im Saal der Kerzen[136] wieder, dessen Mise-en-

[136] Das Bild eines Saales voller Lebenslichter rekurriert auf das Märchen *Der Gevatter Tod* von den Gebrüdern Grimm. Lang setzt sein Legenden-Motiv in der Mise-en-scène direkt nach diesem Vorläufer um. So heißt es in dem Märchen: „Der Tod, als er sich zum zweitenmal um sein Eigentum betrogen sah, ging mit langen Schritten auf den Arzt zu und sprach: ‚Es ist aus mit dir, und die Reihe kommt nun an dich', packte ihn mit seiner

Abb. 7: Der Tod ist seines Amtes überdrüssig; indem er mit dem Mädchen paktiert, erhält er ein persönliches Schicksal. Er wandelt sich von der Personifikation eines bloßen Prinzips in ein Individuum.

scène stark an eine Kathedrale erinnert. Eine Totale zeigt in einer Aufsicht den Einzug der Beiden in den sakralen Raum in Anlehnung an den Einzug des Brautpaares zur Messe. Nicht nur eine erste Umwertung der Sympathiestruktur ist hier angedeutet, auch erste erotische Grundzüge der neuen Paarkonstellation kündigen sich an. In einer halbnahen Einstellung bleibt das Paar inmitten des Kerzenmeeres stehen. Erst jetzt lässt der Tod die Hand des Mädchens los, bleibt aber dicht neben ihm. Sie fordert erneut mit bittenden Gesten ihren Geliebten zurück. Er erklärt der jungen Frau, ihren Bräutigam nicht geraubt zu haben, seine Zeit sei lediglich um gewesen. Nur als Ausführender handelte er also im Auftrag Gottes. Auch an dieser Stelle agiert der

eiskalten Hand so hart, daß er nicht widerstehen konnte, und führte ihn in eine Höhle. Da sah er, wie tausend und tausend Lichter in unübersehbaren Reihen brannten, einige groß, andere halbgroß, andere klein. Jeden Augenblick verloschen einige, und andere brannten wieder auf, also daß die Flämmchen in beständigem Wechsel zu sein schienen. ‚Siehst du', sprach der Tod, ‚das sind die Lebenslichter der Menschen. Die großen gehören Kindern, die halbgroßen Eheleuten, die kleinen gehören Greisen. Doch auch Kinder und junge Leute haben oft nur ein kleines Lichtchen.' ‚Zeige mir mein Lebenslicht', sagte der Arzt und meinte, es wäre noch recht groß. Der Tod deutete auf ein kleines Endchen, das eben auszugehen drohte, und sagte: ‚Siehst du, da ist es.' – ‚Ach, lieber Pate', sagte der erschrockene Arzt, ‚zündet mir ein neues an, tut mir's zuliebe, damit ich König werde und Gemahl der schönen Königstochter.' ‚Ich kann nicht', antwortete der Tod, ‚erst muß eins verlöschen, eh' ein neues anbrennt.' – ‚So setzt das alte auf ein neues, das gleich fortbrennt, wenn jenes zu Ende ist', bat der Arzt. Der Tod stellte sich, als ob er seinen Wunsch erfüllen wollte, langte ein frisches, großes Licht herbei, aber weil er sich rächen wollte, versah er's beim Umstecken absichtlich, und das Stückchen fiel um und verlosch."

Tod plötzlich mit ausladender Gestik. Er öffnet die Arme und zeigt mit dem Finger zur Erklärung nach oben. Obwohl bereits in eine mythische Ebene eingedrungen, konstatiert sich in dieser Bewegung der tatsächliche Fingerzeig auf eine noch höhere, nicht zeigbare Instanz.
In der Antwort des Todes gibt er seinen Absolutheits-Anspruch, der bis dahin von seinem starren Wesen ausging, ab. Er erhält ein persönliches Schicksal, eine Geschichte: Der Schnitter wandelt sich von der Personifikation eines bloßen Prinzips in ein Individuum. Er wird zur anthropomorphen Figur, die „fühlt" und um Rechtfertigung bemüht ist. Kurz: Der personifizierte Tod erhält hier eine individuelle Psychologie (Abb. 7).

Um seiner eigentlichen Machtlosigkeit Ausdruck zu verleihen, erklärt der Schnitter die Funktion der Kerzen. Sie seien Lebenslichter, die nach Gottes Befehl erlischen. Die Macht, die bisher von dem Tod auszugehen schien, wird an dieser Stelle auf die Kerzen übertragen, hinter denen ein höherer Wille steht, was die folgende Parallelmontage beweist: Der Tod nimmt mit einem kinematographischen Trick die Flamme einer noch sehr hohen Kerze und hält sie zwischen seine zwei zum Gefäß gefalteten Hände. Indem er die Flamme in die Höhe streckt, verwandelt sie sich durch eine Überblendung in einen nackten Säugling. Eine Nahaufnahme zeigt den Tod, wie er das Kind sanft in seinen Händen hält, sein Blick wendet sich von dem schreienden Säugling ab und er blickt frontal in die Kamera. In diesem Moment verschwindet das Baby wieder. Der direkte Schnitt zeigt jetzt eine in Schwarz gekleidete Mutter, die weinend über der Wiege ihres Kindes hängt, es folgt ein weiterer Schnitt zurück in die Halle der Kerzen. Erschrocken faltet hier das neben dem Tod stehende Mädchen die Hände wie zum Gebet, das Lebenslicht des Säuglings ist erloschen. Traurig blickt der Tod auf die junge Frau, die ihren Blick gesenkt hält. Zu sehen ist seine bebende Brust, dann der erklärende Zwischentitel: „Glaub mir, mein Kampf ist schwer! Es ist ein Fluch! Ich bin es müd, der Menschen Leid zu sehen und Haß zu ernten, weil ich Gott gehorche..."

Die Überblendung des Säuglings aus der Wiege in die Hände des Schnitters verdeutlicht die Allmacht des Todes. Zudem verweist die evozierte Zeitgleichheit des kleinen Körpers in beiden Räumen auf die Vorstellung des Leibs als irdische Hülle, denn während das Kind in der Wiege unter der weinenden Mutter reglos daliegt, strampelt es in den Händen des Todes und schreit. So gesehen zeigen die filmischen Mittel der Parallelmontage, des Schnitts und der Überblendung auch den Akt der Metamorphose, der nach christlich-mythologischer Vorstellung Leib und Seele im Augenblick des Sterbens trennt. Dass die weinende Mutter über der Wiege in ihrem schwarzen Kleid zum weißen Bettlaken kontrastiert wird, bedeutet eine doppelte Sinnebene, die die Unschuld des Kindes verdeutlicht. Gleichzeitig legt diese Szene nahe, dass der Tod den Säugling im Schlaf überraschte: Lang bemüht hier also die tradierte Anschauung vom Schlaf als „Bruder des Todes".

Wie bereits bei der ersten Analyse der Exposition beschrieben, spielt auch in dieser Sequenz die Auffassung eine Rolle, dernach die gelebte Zeit ein inhaltsqualifizierendes Kriterium darstellt. Verschonte in der Exposition der Tod die alte Frau – die eigentlich durch ihre Lebenszeit dem Ende näher stehen muss – und holte den Bräutigam, verschärft sich dieser Unterton mit diesem Säuglingsbild noch. Der Tod des Kindes wird, weil zu früh eingetreten, als ungerecht empfunden. Doch genau mit dem Aufgreifen desselben Motivs gelingt an dieser Stelle die Umwertung der Figur des Todes. Während der Schnitter in der Exposition für seine „Tat", den Bräutigam zu rauben, anscheinend noch direkt verantwortlich zeichnete, wird in dieser Szene sein Handeln als von höherer Stelle befohlen legitimiert. Die Moralstruktur erhält so eine Neuordnung, weiß der Rezipient jetzt, dass die Figur des Todes im Auftrag handelt und handelte. Mehr noch als dieses Detail wirkt sich aber die bedauernde Haltung des Todes auf die Neuordnung der Moralstruktur aus. Denn in dieser Sequenz zeigt sich mehr als die Personifikation der Idee des Todes, es zeigt sich ein Mensch: ein leidender Schnitter, der inmitten der Kerzen als einsame Figur inszeniert ist. Nur die Präsenz des Mädchens durchbricht jene Einsamkeit und auch nur zwischen diesen Kerzen, so scheint es, kann sich der Tod als ein seines Amtes Müder zeigen.

Gleichzeitig bleibt in dieser Sequenz der Schnitter bei seinem Schaffen zum ersten Mal lediglich ein Beobachter. Er selbst als Figur taucht nicht an der Wiege des Säuglings auf. Dennoch verbindet ihn der Schnitt zu der weinenden Mutter mit einem anderen Raum und mit einer anderen Zeit. Lang findet hier also ein weiteres Mittel, um die Macht des Todes kinematographisch zu versinnbildlichen. Aber der Schnitter beobachtet hier nicht alleine, sondern gemeinsam mit der jungen Frau, was die Bindung des Paares steigert. Auch sie versucht nicht in die Handlung einzugreifen, sondern senkt lediglich ihren Blick vor dem nackten Kind und faltet die Hände zum Gebet. Durch das gemeinsame Resignieren vor einer höheren Allmacht löst sich die Antinomie des Figurenpaares weitgehend auf. Vielmehr werden die beiden zu Verbündeten, was sich in dem Vorschlag des Mädchens, den Tod mit der Stärke seiner Liebe zu überwinden, ausdrückt. „Ich wollt Dich segnen, wenn Du mich besiegtest", antwortet er darauf. Diese neue Bindung der Beiden zeigt sich auch in einer neuen körperlichen Nähe. Sie wirft den Kopf in den Nacken, der Tod selbst lächelt zum ersten Mal und nimmt ihre vor der Brust zum Gebet gefalteten Hände in die seinen – ein Zeichen der neuen Zusammengehörigkeit des Paares (Abb 7).

Diese frische Verbundenheit unterstreicht die Dynamik in der Figurenkonstruktion des Todes, sie ist also keineswegs statisch. Die anfängliche Überlegung, wonach sich Figuren und deren Konstellation während des Handlungsverlaufs als veränderlich zeigen, erweist sich hier als richtig. Gleichwohl folgt diese Dynamik in DER MÜDE TOD einer gewissen Logik, die sich bereits über den Untertitel „Ein Volkslied in sechs Versen" andeutet. Die Fragmentierung der Narration in sechs Teile erleichtert nicht nur die visuelle Etablierung verschiedener Ebenen sowohl in räumlich-zeitlicher als auch metaphysischer Hinsicht, sondern gibt vor allem der Figur des personifizierten Todes ein gewisses Korsett für ihre Dynamik. Neben der Dichotomie ‚undurchsichtig' und ‚transparent', die die Figur des Schnitters während der Rahmenhandlung prägt, wird ihr in den drei Binnennarrationen eine weitere Variante hinzugefügt. Denn innerhalb der arabischen, venezianischen und chinesischen Episode kehren sich die Hierarchien im Beziehungsgeflecht um. Zwar ist die Figur des Todes in Gestalt Bernhard Götzkes jeweils deutlich inszeniert und somit wieder zu erkennen, doch wandelt sie sich in diesen Handlungen zur Nebenfigur, wenngleich es dieser vorbehalten ist, am *turning point* der Geschichten die tragische Wendung herbei zu führen: So ist es in der arabischen Episode der Tod in Gestalt des Gärtners El Mot, der den Geliebten der Zobeide – des Mädchens also – bei lebendigem Leibe auf Geheiß des Kalifen, des Bruders von Zobeide, eingräbt. Die venezianische Episode wartet mit einer ironischen Wendung der Handlung auf, wenn Mona Fiametta durch ein Intrigenspiel ihres Widersachers Girolamo während des Karnevals ihren eigenen Geliebten durch den Mohr ermorden lässt. Interessanterweise wandelt sich der Mohr erst nach dem Dolchstich in die Figur des Todes, indem er symbolisch überhöht die Fackel aus der Verankerung löst, bis das Filmbild schwarz wird – sein Auftritt beschränkt sich in dieser Episode also tatsächlich lediglich auf das Ende. Auch im fünften Vers, der eine chinoisierende Märchenwelt beschwört, ist die als Tod etablierte Figur bis zum Ende nur eine Marginalie, die – auf ihre Kernfunktion reduziert – in Gestalt des kaiserlichen Leibwächters erscheint, um als Bogenschütze am Ende den Geliebten tödlich zu treffen.

Die Binnensequenzen variieren die Figur eines personifizierten Todes mithin. Zwar behält der Film das Personenschema der Wiedererkennung bei, indem es jeweils in einer Art *establishing shot* eine Großaufnahme des Schnitters zeigt und somit sein Gesicht durch die verschiedenen Kostüme sofort erkannt werden kann. Die Figur selbst aber wird jeweils in eine andere Identität übergeführt. Wie aber wird hierbei eine Konfusion verhindert? Eine Erklärung dockt an Smith' Kategorie der *Assimilation* an, wonach neue Informationen dem etablierten Figurenmodell angepasst werden. Ist dieses aber stark ausgeprägt, so wird neue Information nur dann verarbeitet, wenn sie sich in das Modell fügt. Unpassende Information wird dagegen ignoriert. Allerdings findet sich in der Figur des personifizierten Todes ein Sonderfall. Der Rezipient weiß um den metaphysischen Kern der Todesfigur, nicht zuletzt weil sie bereits innerhalb der Rahmenhandlung etabliert wurde. Die drei unterschiedlichen Figuren, der Gärtner, der Mohr und der Bogenschütze, sind also nur weitere Varianten, um filmisch einen allegorischen Raum rund um das Motiv des Todes zu öffnen. Die Diskontinuität der drei Episoden wirkt hierbei unterstützend, denn zeitlich und räumlich werden sie durch den Rahmen (narrativ durch den Saal der Kerzen dargestellt) in Kontinuität gesetzt. Die Macht des Todes zeigt sich hier wiederum als das gleichmachende Menschenschicksal, das Grenzen und Zeiten relativiert. Daran knüpft die Verwandlung des Todes in die unterschiedlichen figuralen Emanationen an – gezeigt wird somit die Vielschichtigkeit und ebenso die Vielgesichtigkeit des Todes und des Sterbens.

Rein narratologisch gesehen bietet der Blick auf das Beziehungsgeflecht der Figuren innerhalb der Binnensequenzen freilich noch eine weitere Beobachtung: Dass sich der Tod nicht nur in unterschiedlichen Gewändern zeigt, sondern in diesen Fällen ganz zur Nebenfigur wird, macht ein Überschreiben der etablierten Sympathiestruktur für den personifizierten Tod obsolet. Schließlich ist die Bindung an die Figur hier aufgehoben, die Ausrichtung findet exklusiv über das Mädchen statt. Dennoch ist die Reidentifikation der Todes-Figur im Gärtner, Mohr und Bogenschützen wichtig, um innerhalb der Episoden den Spannungsbogen zu halten. Verstärkt findet sich zudem erneut subtil das Thema des Todes als passiver Ausführender eines Auftraggebers, das hier konkret innerhalb der Figurenkonstruktion angegangen wird. So entscheidet in der arabischen Folge der Kalif über Leben und Tod, während in der venezianischen Episode der Tod dem Intrigenspiel Girolamos geschuldet ist und im fünften Vers der Kaiser von China den Befehl zum Mord erteilt. In allen drei Episoden sind diese Auftraggeber negativ konnotiert und als direkte Widersacher zum Mädchen inszeniert. Der Tod in den drei unterschiedlichen Gewändern zeigt sich deutlich als untergeben Handelnder, dessen Rolle in der Entscheidung über Leben und Tod eine passive darstellt.

Neben der Fragmentierung der Verse werden die drei Binnenepisoden jeweils durch die Überblendung auf die drei ausgehenden Kerzen in der Halle visuell zusammengefügt. Laut Tom Gunning ist das Stilmittel der Überblendung in den Filmen Langs aus den 1920er Jahren typisch, um eine tiefere Realität unter der Oberfläche freizulegen: „Lang employed the overlap-dissolve throughout the 1920s as a means of revealing a deeper reality beneath the surface of things."[137] Wie die Analyse zeigte, bedient das Stilmittel allerdings auch die Konturierung der Figuren des Todes und des Mädchens, die so Teil der beiden „Realitäten" werden. Vor allem der Tod changiert zwischen undurchsichtiger und transparenter Figur in beiden Reichen, was seiner Präsenz als Akteur und als mythische Figur Ausdruck verleiht. So gesehen ist die Überblendung in DER MÜDE TOD vor allem auch ein Stilmittel, das der Etablierung der Figuren dient. Wie beschrieben, entsteht jene tiefere Realität unter der Oberfläche nicht *nur* durch filmische Stilmittel, sondern ist der

---

[137] Gunning, Tom (2000): *The Films of Fritz Lang. Allegories of Vision and Modernity*: S. 19

Figurenkonstruktion bereits immanent. So wandelt sich der Schnitter nur in jenen Episoden zu einer transparenten Figur, wenn zwischen ihm und dem Mädchen eine exklusive *alignment unit*, also eine Verbindungseinheit, entsteht – er sich demnach in seinem Reich und von allem Irdischen losgelöst bewegt. Der Film evoziert demnach die metaphysische Ebene, indem er die Todesfigur transparent werden lässt. Im Gegensatz dazu verharrt sie in den Episoden der intradiegetisch „realen" Welt in ihrer Undurchsichtigkeit, sie bleibt hier hermetisch.

Ebenso findet auf der intradiegetisch als metaphysisch inszenierten Ebene eine moralische Umwertung statt, hervorgerufen durch den Übergang der Figur des Todes zu neuer Transparenz und von abstrakter Personifikation zu anthropomorpher Unmittelbarkeit. Hier erhält der Rezipient Zugang zum „Innenleben", in dem er den Schnitter als müde und zermürbt erlebt. Durch diese neuen Informationen über die Figur entwickelt sich eine Haltung der Sympathie, die die vorangegangene Haltung der Antipathie, hervorgerufen durch den Antagonismus gegenüber dem Mädchen, ersetzt. Der *Co-Text* im Sinne Smith' wechselt demnach ebenso zwischen den beiden Ebenen. Wie beschrieben, dient die Figur des Mädchens als Mittler für das Changieren der Figur des personifizierten Todes. Die Struktur der Sympathie wird ja maßgeblich über sie beeinflusst, findet während des gesamten Films die narrative Ausrichtung bzw. handlungslogische Fokalisierung doch über ihre Figur statt. Zudem bleibt die Parteinahme für sie während aller Episoden und auf allen Ebenen konstant. So gesehen vermittelt das Mädchen dem Rezipienten einen Maßstab, der ihm das „Umdeuten" der Todesfigur auf den beiden Ebenen der Rahmenhandlung vereinfacht und eine Konfusion während der drei Binnensequenzen verhindert.

III. Ein kinematographischer Totentanz im Diskurs der Zeit

Der Erfolg von DER MÜDE TOD erstreckte sich über die Grenzen Deutschlands hinaus. Doch selbst wenn die Praxis, deutsche Filmtitel nicht wortgetreu in der Auslands-Distribution zu übernehmen, keine außergewöhnliche war, lässt sie im Falle dieses Films doch soziokulturelle Rückschlüsse zu. Eine komparative Sicht zeigt, dass nur der deutsche Titel die metaphysische Figur des Todes nennt. In Frankreich firmierte Langs Werk unter „LES TROIS LUMIÈ-

RES" (Die Drei Lichter) und in Großbritannien und den USA unter „DESTINY" (Schicksal). Beide Namensentscheidungen spiegeln gleichzeitig kulturelle Diskurse wider: Bezieht der französische Titel bereits die Fähigkeit des Rezipienten zum Gedankensprung der Licht-Metapher zum Lebenslicht mit ein, verallgemeinert die englische Version die Erzählung unter der weiten Rubrik „Schicksal".

Auch wenn beide Übersetzungen tatsächlich den Film charakterisieren, darf davon ausgegangen werden, dass für die deutschen Kinos ganz bewusst auf einen den Tod in persona anklingenden Titel gesetzt wurde, spiegelt sich darin doch der in den 1920er Jahren virulente Diskurs über das Motiv des Totentanzes[138] wider. Darüber hinaus verwendete Lang dieses Motiv in einer Vielzahl seiner bis 1921 gedrehten Filme[139] – das kulturelle Wissen über eine gewisse Affinität von Lang zum Totentanz darf bei den zeitgenössischen Kinogängern also vorausgesetzt werden. Unter anderem trug bereits der 1917 entstandene HILDE WARREN UND DER TOD (R: Joe May) Anleihen aus diesem Thema in sich. Fritz Lang wird hier als Autor aufgeführt, spielte im Film aber auch selbst[140] mit. Interessanterweise verwendet der Film gleich zwei Motive, die Lang in DER MÜDE TOD wieder aufgreift. Dazu schreibt Georges Sturm:

> „Zum erstenmal [sic] erscheint hier in einem von Fritz Lang geschriebenen Drehbuch der Tod in persona, und zwar zu drei verschiedenen Zeiten in Hilde Warrens Leben, und zum erstenmal nimmt Lang eine Phantasmagorie in Form einer Doppelbelichtung zu Hilfe und eine Tür ins Jenseits."[141]

Ein Sascha-Gura-Film unter der Regie Otto Ripperts trägt das Motiv sogar im Titel: Bei TOTENTANZ (D 1919) stammte das Drehbuch wiederum von Fritz

---

[138] Vgl. bspw. Kasten, Friedrich W. (1987): *Totentanz. Kontinuität und Wandel eines Bildthemas vom Mittelalter bis Heute*. Katalog zur Ausstellung des Mannheimer Kunstvereins. Mannheim. Darin besonders: *Gründerzeit, Kaiserreich und Weimarer Republik – Totentanzdarstellungen zwischen 1871 und 1933*. S. 43 ff.

[139] Vgl. dazu Sturm, Georges (2001): *Die Circe, der Pfau und das Halbblut. Die Filme von Fritz Lang 1916-1921*. Trier.

[140] Wenngleich wohl nicht den personifizierten Tod, wie üblich kolportiert wird. Vgl. dazu Sturm, Georges (2001): *Die Circe, der Pfau und das Halbblut. Die Filme von Fritz Lang 1916-1921*. Trier. Hier heißt es: „Lang erinnert sich auch daran, ‚dass er in dem Film vier Personen gespielt hat', aber nicht daran, welche die vierte war. Jedenfalls nicht der Tod, der wird zweifelsfrei von Georg John dargestellt". S. 84.

[141] Vgl. ebd., S. 83. Weiter merkt Sturm an: „Eine Türe ins Jenseits findet sich auch am Ende von DER HERR DER LIEBE, DER MÜDE TOD und YOU ONLY LIVE ONCE".

Lang. Ebenso finden sich in PEST IN FLORENZ (D 1919; R: Otto Rippert) starke Anleihen aus dem ikonographischen Fundus des Totentanzes (die ihren Niederschlag auch in den Filmplakaten von Theo Matejko und Safis finden), hier zeichnete Lang ebenfalls verantwortlich für das Drehbuch.[142]

Die Ontologie des Totentanzes in Langs Werk wie auch der virulente zeitgenössische Diskurs generell legen nahe, dass die Rezipienten durchaus im Stande waren, eine gewisse allegorische Transferleistung zu erbringen. Für Tom Gunning ist das Spielen mit Allegorien auf narrativer und visueller Ebene ein Prädikatsmerkmal des Stummfilmkinos jener Zeit:

> „While DER MÜDE TOD invokes the world of the Marchen [sic], the complexity of its temporality, narration and cinematic emblems reveals its preoccupation with directing the viewer's attention to the play of filmic language. [...] Few film historians have paused to reflect on the great resurrection of allegory within silent cinema, of which mode both INTOLERANCE and the early work of Lang stand as paramount examples. An understanding of the structure of DER MÜDE TOD demands an allegorical reading."[143]

Gunning findet die als Zyklus von Katastrophen dargestellte Geschichte in DER MÜDE TOD verwandt mit dem Ansatz, den Walter Benjamin in seinem Werk über das barocke Trauerspiel verfolgt. Hier unternimmt Benjamin, wie beschrieben, den Versuch, die Allegorie als zentrale Ausdrucksform des barocken Dramas, im Gegensatz zur Tragödie, neu zu rekonstruieren und ihre weit über das Barock hinausgreifende synthetische Form als Bestimmung des diskontinuierlichen Geschichtsverlaufs zu zeigen.[144] Gunning sieht nun in Langs Gebrauch der Überblendung eine allegorische Vision verkörpert, die die Dinge in ihrem Kern zeigt:

> „The dissolve which seems to reveal an image lurking beneath a previous shot, works as an allegorical device *par excellence*, stripping away the surface of the world and revealing the bare bones of significance. Because in DER MÜDE TOD, as

142 Vgl. ebd., S. 42 ff. und S. 118 ff.

143 Gunning, Tom (2000): *The Films of Fritz Lang. Allegories of Vision and Modernity*. London. S. 26 ff.

144 Vgl. hierzu auch Arabatzis, Stavros (1998): *Allegorie und Symbol. Untersuchung zu Walter Benjamins Auffassung des Allegorischen in ihrer Bedeutung für das Verständnis von Werken der Bildenden Kunst und Literatur.* Regensburg. S. 60.

in the *Trauerspiel*, what lives beneath the surface is the death's head, reality's ultimate significance must be read with the gaze of mournful melancholy."[145]

Hier greift Gunning etwas zu kurz, zeichnet die benjaminische Allegorie im Trauerspiel-Buch doch vor allem die Trauer der Menschen im Barock nach, wonach die Geschichte nicht mehr teleologisch auf ein Jenseits bezogen, sondern als natürliches Geschehen erfahren wird. Wie Benjamin zeigt, ist es dieser Ausfall aller Eschatologie, die jegliche transzendente Rettung abhanden kommen lässt (weshalb er seinen Ansatz überhaupt auf die Moderne überträgt). Und genau daraus resultiert jene Melancholie, die Gunning auch für DER MÜDE TOD postulieren will:

„If the allegorical mode provides a central context for much of silent cinema and for Lang's work especially, DER MÜDE TOD relates most strongly to the melancholy aspects of the mode that Benjamin finds in the baroque Trauerspiel."[146]

Betrachtet man jedoch das Ende des Films bzw. die für den ganzen Film sinnstiftende Struktur der Rahmenhandlung, so lässt sich diese These wohl nicht halten. Denn alles arbeitet hier auf jenes transzendente Heil hin und nicht auf den Verfall, der einer Welt barocker Kunstwerke immanent ist. Wenn Benjamin als dessen Chiffre den Totenkopf bemüht[147], so ist es eben dieses Symbol nicht, das sinnbildend in DER MÜDE TOD auftaucht. Vielmehr agieren die Figuren hier sehr vital, sogar der Tod als Akteur ist von imposanter Gestalt und fernab jeden Verfalls, der seine kunsthistorischen Vorbilder als Knochen- oder Hautskelette prägen. Zwar spiegelt sich in der Narration klar die Vanitas-Botschaft wider, wonach jeder Mensch seine Sterblichkeit bedenken sollte, doch das Destruktive ist ihr genommen. Der Totenschädel taucht in der Mise-en-scène lediglich in der alten Apotheke auf, die in ihrer verstaubten Antiquiertheit symbolisch auf die Alchimie verweist. Der Totenkopf ist hier aber völlig konventionell und somit bloßes Dekor oder allenfalls eine Allusion auf die tödlichen Gifte innerhalb des Raumes. Nicht zuletzt umspielt Lang ja ganz

---

145 Vgl. Gunning, Tom (2000): *The Films of Fritz Lang. Allegories of Vision and Modernity*. London. S. 27.

146 Ebd., S. 27.

147 „Die Geschichte in allem was sie Unzeitiges, Leidvolles, Verfehltes von Beginn an hat, prägt sich in einem Antlitz – nein in einem Totenkopfe aus", Vgl. Benjamin, Walter (1972-1989): *Gesammelte Schriften*. Band I. Herausgegeben von Tiedemann, Rolf und Schweppenhäuser, Hermann. Frankfurt a.M., S. 343.

Abb. 8: Fritz Lang erneuert das Vanitas-Motiv, indem er den Figuren ihre Jugendlichkeit lässt. Abb. 9: Eine christlich-mythologische Paradies-Metapher evoziert im Schlussbild von DER MÜDE TOD eine transzendentale Heilsvision.

bewusst und offen die Tradition des Volksmärchens, die mit ihrer populären Narration ursprünglich transzendente Sinnerwartungen pflegt. Das schließt an die Poetik Béla Balázs' an, der das Märchen, über seine Bedeutung als Gattung hinaus, auch als ein Medium deutet, in dem Sehnsucht und Ausdruck zur „Wahrheit und Form" verschmelzen würden, die „noch wichtiger ist als die Wahrheit des Inhalts".[148] So gesehen ist DER MÜDE TOD mit seiner Allegorik dem Märchenkonzept Balázs' näher als der barocken Melancholie im Sinne Walter Benjamins.

Das Vanitas-Motiv erfährt bei Lang vielmehr eine Erneuerung, indem er den Figuren innerhalb der Diegese ihre Jugendlichkeit lässt. Evident wird dies im Schlussbild: Das Mädchen gab ihr Leben in dem brennenden Haus, damit der Säugling gerettet werden konnte. Nun führt sie der Tod in seinem Reich an die Bahre mit ihrem Geliebten. Obwohl bereits gestorben, zeichnen sich keine Spuren des Verfalls ab – wie sonst gängig in Vanitas- und Memento-Mori-Darstellungen (Abb. 8). Die Mise-en-scène des Totenreiches bedient sich ebenfalls keiner düsteren Hades-Anleihen, vielmehr rekurriert sie auf eine christlich-mythologische Paradies-Metapher. Zuerst Seite an Seite mit dem Schnitter, dann als Paar Hand in Hand, gehen die im Tod glücklich Wiedervereinten über einen dicht bewachsenen Hügel Richtung Horizont (Abb. 9). Ihre Reise, die zu Beginn des Films in der Postkutsche begann, ist hier zu

Ende. Filmisch betrachtet evoziert diese Szene sehr wohl eine transzendentale Heilsvision. Eine melancholische Ikonographie, die den Ausfall aller Eschatologie beschwört, findet sich dagegen nicht.

Christlich-mythologisch motiviert erscheint ebenso die Szene in dem brennenden Haus. Freiwillig stürzt sich das Mädchen in die Flammen, um sich des Säuglings für ihren Tausch gegen den Bräutigam zu bemächtigen. Aber wie durch das Fegefeuer geläutert, erkennt sie im letzten Moment das frevelhafte ihres Tuns und entscheidet sich für das Leben des Säuglings und für ihren Tod. Frevelhaft ist an dieser Stelle nicht nur die Absicht, zur Kindsmörderin zu werden, sondern generell ihr Handeln während des Films, nämlich den Tod heraus zu fordern. Tatsächlich aber mündet ihr Scheitern am Ende in ihren Erfolg. Mit dem Tod des Mädchens am Ende ist die gültige Ordnung wieder hergestellt. Ikonographisch untermauert dies auch die Rettung des Säuglings. Der Kreislauf des Lebens, Geburt und Tod, vereint sich unter den brennenden Dachbalken. Durch die Vereinigung der Liebenden im Tod wird zudem nicht nur allein Trost gestiftet, sie überwölbt das Geschehen mit Ordnung und einer Art letztlichen Sinn, dessen Abwesenheit das Handlungsgeschehen zunächst zu prägen schien.

Das Paradoxe, den Tod durch die Opferung von Leben besiegen zu wollen, bricht bei dem Brand buchstäblich in sich zusammen. Dadurch aber wird der Neuanfang in der mythischen Welt der Diegese erst möglich. Eine Metapher, die Igor Caruso vermutlich so auflösen würde:

> „Ein aussichtsloses Unterfangen [den Tod durch das Leben und die Liebe besiegen zu wollen], könnte es erscheinen; gewiß, aber das einzige, das insofern Hoffnung bedeutet, als sich das Leben letzten Endes mehr, als es aus sich selbst heraus neue Qualitäten hervorbringt, sich selbst transzendiert, wohingegen der Tod als Nichtendendes weder neue Etappen noch neue Qualitäten aus sich selbst zu gebären vermag."[149]

Indem Lang die Handlung in eine unbestimmte Vergangenheit versetzt und mit der Volkslied-Rahmung Märchen-Anleihen zitiert (etwa mit dem Bild der Lichter-Halle, das wie beschrieben auf das Grimm-Märchen *Gevatter Tod* re-

---

[148] Vgl. Loewy, Hanno (2003): *Medium und Initiation. Béla Balázs: Märchen, Ästhetik, Kino.* Berlin. S. VI.

kurriert), pflegt er eine Form des Eskapismus. Er knüpft also nicht direkt an die durch die Schrecken des ersten Weltkriegs motivierten Darstellungen des Todes in persona an[150], wohl aber an das Nachkriegsgefühl von der Willkür des Schicksals. Lang widersetzt sich mit seinem an Märchen-Motiven orientierten Totentanz in gewisser Weise der diskursiven Tendenz[151], indem er zwar unterschwellig das Nachkriegsgefühl eines „Nicht-Sinns" aufgreift, gleichwohl aber die Willkür des Schicksals – anders als die Totentänze aus jener Zeit – in eine christliche Heilserwartung umdeutet.

Hingegen findet sich die Umformulierung der Totentanz-Variante, die den Tod als besiegbar darstellt (die ja als grundlegende Idee – wenn auch eine, die zum Scheitern verurteilt ist – von DER MÜDE TOD angesehen werden kann), auch in zeitgenössischen graphischen Werken. Eines der prominentesten Beispiele, das durch verschiedene Nachdrucke von einer breiten Öffentlichkeit rezipiert wurde, ist die Sequenz von sechs Holzschnitten des ostpreußischen Künstlers Robert Budzinski, die erstmals 1924 in Leipzig unter dem Titel *Der Sieg des Lebens (Auch ein Totentanz)* gezeigt wurden (Abb. 10).

149 Caruso, Igor (1974): *Die Trennung der Liebenden.* München. S. 139

150 wie etwa „Der Tod von Clery" aus dem Jahre 1916 von Otto Griebel oder die Mappe „Memento Mori 1914" (1915) von Willi Jaeckel (im letzten Beispiel schildert die Szenenfolge die Grausamkeit des Krieges derart rücksichtslos, dass die Zensur sie sogar verbot). Vgl. Kasten, Friedrich W. (1987): *Totentanz. Kontinuität und Wandel eines Bildthemas vom Mittelalter bis Heute*. Katalog zur Ausstellung des Mannheimer Kunstvereins. Mannheim. S. 215

151 „Die in den Kriegstotentänzen verstärkt ins Bewußtsein gerufene Vorstellung, einen ganzen Zeitraum – dessen Dimensionen sich in der unmittelbaren Befangenheit einer Analyse auf die wahren Ursachen noch zu entziehen scheint – als Totentanz zu interpretieren, bleibt als gebräuchlicher Usus in den Folgen der 20er Jahre erhalten." Vgl. ebd., S. 216.

Abb. 10: Budzinski, Robert: *Der Sieg des Lebens (Auch ein Totentanz).* Sechs Holzschnitte in Mappe, 1924. Quelle: AFD-Archiv Kassel; Frank Hellwig.

Gestaltet ist hier ein Tanz von Tod und Frau, der am Ende in einem ekstatischen Körperwirbel endet, der den Knochenmann auflöst und in sich zusammenfallen lässt. Es zeigt sich hier eine ähnlich optimistische Perspektive wie anfangs in DER MÜDE TOD. Doch während im Film am Ende das Mädchen ihr Vorhaben sowie ihr Leben aufgibt und somit die alte Ordnung wieder herstellt, liegt der Tod bei Budzinski letztlich besiegt am Boden. Max Barthel verfasste die Einführungsworte zu der Folge und erweitert das Werk um eine gesellschaftspolitische Komponente:

> „Ein ungeheurer Lebenswille reißt diese Blätter nach vorne in die Kampfreihen unserer Zeit. Tod dem Tod! Es lebe das Leben! ... Wir leben, weil wir die Erde lieben.

> Wir lieben die Erde, weil uns, der jungen, aufsteigenden Klasse, die Zukunft gehört."[152]

Was DER MÜDE TOD mit allen Totentanz-Formulierungen verbindet, ist die Inszenierung des Todes als unumgänglicher Bestandteil des Lebens. Bereits die in der ersten Phantasmagorie des Mädchens gezeigten Hoheitszeichen, Stundenglas und Skelettemblem, vergegenwärtigen die Macht des Todes und antizipieren die Machtlosigkeit des Menschen vor ihm. Wie durchaus auch in den Totentanz-Darstellungen anderer Künste, inszeniert Lang seine Figur des personifizierten Todes nicht als autonomen Entscheider, sondern als Bestandteil eines übergeordneten Gefüges. Die Figurenkonstruktion des Schnitters macht dies, wie gezeigt, evident: Neben einer zu Beginn hermetisch inszenierten Figur wandelt er sich zu einer transparenten. In dieser dynamischen Konstruktion schafft Lang gleichzeitig intradiegetisch verschiedene Räume, sowohl allegorisch als auch auf visueller Ebene, und reiht den personifizierten Tod im Laufe der Narration in ein übergeordnetes Gefüge ein. Die Zusammenführung des Paares am Ende des Films in seinem Reich symbolisiert die Vorstellung, dernach der Tod nicht Endpunkt, sondern Übergang ist und als Vollstrecker des göttlichen Willens dem gläubigen Menschen – und nichts anderes ist das Mädchen, das an die Liebe glaubt – die Hoffnung auf Erlösung gibt.

Neben der besonderen dynamischen Figurenkonstruktion des personifizierten Todes schafft auch die besondere Strukturierung der erzählten Zeit ein Spezifikum dieses kinematographischen Totentanzes.

> „Die Zeit, das Maß aller Dinge wird zu einem weiteren wichtigen inhaltlichen Kriterium in den einzelnen Folgen. Szenen, die zur Allusion auf die relative Länge der Lebensspannen des einzelnen Menschen werden, gehören zu den häufig verwendeten Darstellungszielen."[153]

Umspielt Lang innerhalb der Nebenfiguren-Konstruktion mit der alten Frau und den verschiedenen Säuglings-Sequenzen immer wieder dieses Motiv, ist es aber auch Teil des filmischen Gefüges selbst. So strukturieren die Auftritte des Nachtwächters leitmotivisch die Zeit innerhalb der intradiegetisch „rea-

---

[152] Zitiert nach Kasten, Friedrich W. (1987): *Totentanz. Kontinuität und Wandel eines Bildthemas vom Mittelalter bis Heute*. Katalog zur Ausstellung des Mannheimer Kunstvereins. Mannheim. S. 94.

len" Welt, während die temporalen Gesetze im mythischen Reich des Todes nicht gelten. Denn der harte Schnitt im zweiten Vers, dem das Ansetzen des Giftes an die Lippen des Mädchens vorausging und an den der Eintritt des Mädchens in das Todesreich montiert ist, wiederholt sich nach dem fünften Vers, wenn der Tod dem Mädchen eine letzte Chance gewährt. Hier springt das Bild aus dem Todesreich zurück zur Szene in der Apotheke, die der harte Schnitt abbrach. Die Großaufnahme einer Uhr zeigt, dass in dieser Welt keine Zeit vergangenen ist. Die im Reich des Todes verbrachten Stunden gehorchen also nicht den irdischen physikalischen Gesetzen. Deshalb ist auch der in der Kerzenmetapher eingeschriebene Zeitfaktor metaphysisch umkonnotiert und rational nicht zu fassen.

Die filmische Dekonstruktion und die Thematisierung von Zeit strukturiert und kontrastiert innerdiegetisch ebenfalls die zwei Reiche der irdischen und metaphysischen Welt. Lang schöpft in der DER MÜDE TOD also nicht allein aus einem allegorisch tradierten Fundus, sondern erweitert das kulturhistorische Phänomen „Totentanz" mit den Mitteln des Films um eine kinematographische Variante.

---

[153] Ebd., S. 214.

F. KÖRKARLEN – die schwedische Fabel vom Fuhrmann

I. Komplexe Erzählstruktur und visuelle Metaphern

Victor Sjöströms Film KÖRKARLEN und Fritz Langs DER MÜDE TOD stehen einander in mehrerer Hinsicht nahe. Eine ist die zeitliche Nähe, mit der die Filme in die Kinos kamen. Komparativ könnte somit an filmhistorische Überlegungen angeknüpft werden, die stilistische Bezüge im Spielfilm der frühen Weimarer Jahre zum zeitgenössischen schwedischen Kino herstellen.[154] „Typische Merkmale", die dem Schwedenfilm der 1910er und 1920er Jahre gemeinhin unterstellt werden – wie etwa rurales Setting, bäuerliche Charaktere und großflächig inszenierte Landschaftsaufnahmen[155] – zeigen sich in KÖRKARLEN allerdings nicht. Es ist die Geschichte einer Läuterung; in deren Mittelpunkt steht das Zusammentreffen von David Holm mit dem Tod zu mitternächtlicher Stunde in der Silvesternacht auf dem Friedhof. Der komplexe narrative Aufbau wird durch diese Allianz und den markanten Ort des Gottesackers in der Balance gehalten. Die beiden Punkte dienen neben dem Sterbezimmer der dritten Hauptfigur, Heilsarmeeschwester Edit, zudem als Referenz der intradiegetischen Gegenwart.

Ähnlich wie die Lichterhalle in DER MÜDE TOD, markiert hier der Friedhof innerhalb der Diegese das mythische Zwischenreich, das als eine Art Schaltzentrale der Narration dient. Neben Rückblenden aus dem Leben Holms, sind es vor allem die Visionen von der Arbeit des personifizierten Todes, die auf diese Weise verortet in die Erzählung eingeflochten sind. Ein Effekt, der seine Wirkung beim zeitgenössischen Publikum nicht verfehlte:

> „Die Einleitung ist vielleicht etwas lang geraten. Geradezu packend aber wirken dann die Bilder der Vision, die schemenhafte Fahrt des Todeskarrens und die Loslösung der Seelen von den Körpern, bei denen das Mystische wirkungsvoll zum Ausdruck kommt."[156]

---

[154] Vgl. dazu Vonderau, Patrick (2000): *Geheime Verwandtschaften? Der „Schwedenfilm" und die Geschichte des Weimarer Kinos.* In: montage/ AV. Heft 9/2/00. S. 65-101.

[155] Vgl. etwa Werner, Gösta (1988): *Die Geschichte des schwedischen Films.* Frankfurt.; Cowie, Peter (1985): *Swedish Cinema. From Ingeborg Holm to Fanny and Alexander.* Stockholm.

[156] Ludwig Brauner im Kinematograph vom 25. Dezember 1921, Nr. 775. Eingesehen in der Sammlung Burgmer. Ob geschickt gewählt oder durch Zufall, auffallend ist die Auf-

Was Ludwig Brauner 1921 etwas zu lang erschien, erweist sich zur Etablierung des Figurengeflechts mit Blick auf die komplexe Erzählstruktur aber als zentral. Bereits die erste Sequenz zeugt davon: Die induktive Exposition gibt den Blick durch eine Irisblende zunächst nur auf Schwester Edit frei, die der erste Zwischentitel als moribund charakterisiert. Als Parallele zu Langs DER MÜDE TOD ergibt sich auch hier aus dem gewählten Sprachduktus eine Legenden- oder Märchen-Allusion, die in zweiter Instanz – gleichzeitig – auf das literarische Vorbild, eine Novelle von Selma Lagerlöf, anspielt: „Es war einmal eine Heilsarmeeschwester, sie lag im Sterben...". Langsam öffnet sich die Irisblende und gibt den Blick frei auf eine gutbürgerliche Wohnstube, in deren Mitte sich das Krankenbett befindet. An der Lade harrend stehen Edits Mutter und eine weitere Heilsarmeeschwester (Maria), die beide das Ende der Schwindsüchtigen zu erwarten scheinen. Doch diese bäumt sich im Bett auf und fordert, man möge nach David Holm schicken. Das Motiv des Wettlaufs mit der Zeit – als dynamische Metapher für das Verrinnen der Lebenszeit – zeigt sich an dieser Stelle das erste Mal und bildet sich im weiteren Verlauf zu einer grundlegenden Struktur der Narration aus.

Neben Schwester Maria sucht auch ein weiterer Kollege der Heilsarmee nach David Holm, was Sjöström in einer schnell geschnittenen Parallelmontage kontrastiert. In diesen kurzen Binnensequenzen, die alternierend zwischen der Wohnung der Familie Holm und dem Zechgelage David Holms auf dem Friedhof geschnitten sind, etablieren sich gleichzeitig die verschiedenen Settings. Evident werden hier jene Milieu-Kontraste, die die Stimmung des Films mitprägen: So deuten der festlich geschmückte Christbaum in der Stube der sterbenden Edit und die Anwesenheit ihrer Mutter auf ein behütetes Heim, während die blanken Holzbretter und das zerschlissene Kleid von Holms Ehefrau auf das ärmliche Umfeld verweisen. Dass David Holm mit seinen Zechkumpanen ausgerechnet den Friedhof für das nächtliche Gelage wählte, charakterisiert ihn als Respektlosen. Gleichzeitig bildet allein seine Figur bzw. sein Name das Bindeglied zwischen den vielen verschiedenen Orten und In-

führung des Films wenige Tage vor Silvester, also vor dem zentralen Datum der Narration.

formationen der Exposition, die ansonsten wie lose Teile eines Puzzles wirken.

Es bleibt der Figur David Holms vorbehalten, auf dem Friedhof die für den weiteren filmischen Verlauf wichtige Fabel vom Fuhrmann zu erzählen. Zwischen den Grabmälern hocken er und seine zwei Kumpane, die sich augenscheinlich weniger wohl fühlen als Holm. Er bemerkt dies spitz: „Haben die Herren etwa Angst vor Gespenstern?“ Durch ihr Verneinen ermuntert, setzt Holm an, eine makabre Geschichte zu erzählen. Vor dem nächsten Zwischentitel schneidet das Bild allerdings abrupt zu den Zeigern der Kirchturmuhr: Sie zeigt zwanzig vor zwölf. Dann visualisieren Rückblenden die Schauergeschichte Holms, die von seinem Verwandten Georges handelt.

Der sei ein fröhlicher Mann gewesen, habe sich aber an Silvester stets verändert. In der Rückblende sehen wir die Wandlung, wie sich Georges von der Runde fröhlicher Kartenspieler, unter ihnen auch Holm, in eine Ecke verkriecht. Als es zum Streit unter den Spielern kommt, schlichtet Georges und mahnt zur Wachsamkeit: „Denkt daran, heute ist der letzte Tag im Jahr. Wer heute stirbt, muss den Totenkarren für ein Jahr fahren.“ Georges setzt sich zu den erschrockenen Dreien und beginnt zu erzählen: „Da gibt es einen alten, alten Wagen...“ In die Rückblende schachtelt sich nun ein weiterer Flashback, der die Legende vom Fuhrmann des Todes mit tricktechnischen Mitteln szenisch umsetzt. Die Bilder des Fuhrmanns, der in seiner Ikonographie direkt an den personifizierten Tod angelehnt ist (Sense, Kapuzenmantel, gebückte Haltung), alternieren mit den Zwischentiteln. Der Fuhrmann diene einem strengen Herrn, dem Tod, für den 100 Jahre auf Erden lediglich nur einen Tag wären. Tag und Nacht müsse der Fuhrmann arbeiten und wo immer er hinkomme, begegnen ihm nur Leid und Schmerz. Auch hier bedient sich die Geschichte der tradierten Vorstellung, ähnlich wie in Langs DER MÜDE TOD, wonach die Arbeit des Todes mit Gebrest und Pein gleichzusetzen ist.

Allerdings ist der Rahmen hier der einer oral-tradierten Legende, als solche durch das Bild des Erzählers Georges am Tisch mit den Kartenspielern intradiegetisch explizit gemacht und als eingebettete Erzählung zweiter Ordnung filmisch präsentiert. Lang hingegen hatte die Arbeit des Todes innerhalb der Diegese direkt auf der ersten Narrationsebene verortet, seinerseits aber durch viele andere Mittel an dem Märchen- respektive Legendencharakter

Abb.11: Schwedische Variante des Totentanz-Reigen-Motivs: Exemplarisch zeigt Sjöström den Tod bei zwei seiner Einsätze, er spannt den Bogen vom Großbürger zum Fischer, gleichzeitig vom Suizid zum Unfalltod.

des Gesamtfilms keinen Zweifel gelassen. Ikonographisch schöpfen beide Filme zudem aus demselben Fundus von Totentanz-Ideen. So zeigt KÖRKARLEN den Tod exemplarisch bei zwei seiner Einsätze (Abb. 11). Zum einen hält der von einem Rappen gezogene Totenkarren vor einem Haus des Großbürgertums. Während der Fahrer vom Kutschbock steigt, schneidet das Bild zu einem feudalen Zimmer innerhalb des Hauses. Am Schreibtisch sitzt ein wohlsituierter Herr im Morgenrock, der sich im selben Moment erschießt. Der Schnitter wandelt in Überblendung durch die geschlossene Tür und nimmt den Körper auf die Schulter. Ebenfalls in Überblend-Technik realisiert, rekurriert das Bild auf die Idee der Loslösung der Seele nach dem Tod von der körperlichen Hülle. Das gleiche Muster liegt der zweiten „Amtshandlung" des Todes, dem Bergen der Seele eines Schiffbrüchigen, zugrunde. Hier steigert sich das phantastische Moment, indem der Todeskarren über die Wellen des Meeres fährt, als handele es sich um eine Straße. Er hält neben einem Kiel oben treibenden Boot; nachdem der Kutscher vom Bock gestiegen ist, schneidet das Bild zu einer Halbtotalen. Inszeniert ist hier eine Unterwasserwelt, auf deren sandigem Grund der leblose Körper des Fischers gesunken ist. Auch hier symbolisiert die Doppelbelichtung das Scheiden der Seele aus dem Leib, wenn der Schnitter den Korpus schultert, während der eigentliche Körper unbeweglich auf dem Grund verharrt. Die Grundidee des Totentanzes fasst sich hier *in nuce* zusammen: Ob Edelmann (Großbürger) oder Bettler (Fischer), der Tod macht alle gleich.

Die Fabel endet hier, das Bild schneidet zurück zur Kartenrunde. Erschrocken starren die drei Spieler auf Georges, der das Ende der Legende preisgibt: „Nicht immer ist es derselbe Fahrer. Wer zuletzt stirbt an Silvester, wird der nächste Fahrer sein für ein Jahr."

Nach diesem Zwischentitel kehrt die Narration wieder zur ersten Handlungsebene auf dem Friedhof zurück, ein Schnitt zur Kirchturmuhr zeigt zehn Minuten bis Mitternacht. Holm schließt die Geschichte mit den Worten: „Das Merkwürdige ist, Georges starb genau an Silvester vor einem Jahr." In diese gespannte Atmosphäre platzt Schwester Edits Gesandter von der Heilsarmee, der David Holm dringlich bittet, den Wunsch der Sterbenden zu erfüllen. Doch Holm weigert sich, der Heilsarmee-Mann verlässt den Friedhof unverrichteter Dinge. Über Holms Verhalten geraten nun aber seine Kumpane in Rage, es kommt zu der ironischen Wendung, dass Holm während der Auseinandersetzung erschlagen wird – die Kirchturm-Uhr schlägt gerade Mitternacht. Die Mörder suchen das Weite, während Holm zunächst leblos auf dem Friedhof liegen bleibt. Da biegt schon der Totenkarren um die Ecke, Holm rafft sich – wiederum in Überblendtechnik dargestellt – auf und hält sich die Ohren (!) zu. Anscheinend rekurriert diese Geste auf eine Überlieferung, wonach der Wagen von tosendem Lärm begleitet wird. Der Fahrer steigt, wie bereits in den Legendenbildern davor, vom Kutschbock und nähert sich mit seiner markanten Sense dem erschrockenen Holm. Erst als er vor ihm steht, zieht der Tod seine Kapuze zurück und Holm erkennt Georges. Es kommt zu einem Dialog, in dessen Folge sich Georges zu Holm auf die symbolische Grabeskante setzt. Das Gespräch dreht sich um sein Leben, das – wie man nun erfährt – erst durch Georges aus den Fugen geraten ist. Erneut rafft der Film diese Informationen in Flashback-Binnensequenzen zusammen. Am Ende der Rückschau auf Holms Leben fordert der Sensenmann – dieses Synonym ist für den Fuhrmann legitim, hält er doch das Insignium des Todes, die Sense, fest in der Hand – dass er zu Edit geht, doch er weigert sich. Georges zieht sich seine Kapuze über – symbolisch für seine Wandlung zum Tod – und spricht: „Gefangene Seele, komm' heraus aus deinem Gefängnis."[157] In Doppelbelichtung sieht Holm sich jetzt selbst auf dem Boden liegen.

[157] Die Zitate sind frei von den Untertiteln übernommen.

Er bäumt sich auf und kämpft mit dem Tod, bleibt aber Unterlegener. Gefesselt an Armen und Beinen nimmt ihn der Kutscher mit zu Schwester Edit. Der Tod zerrt Holm mit sich in die Stube, auf den Knien bleibt er am Fußende des Bettes auf dem Boden liegen. Der Schnitter indes tritt zu Edit ans Bett. Sie öffnet die Augen und mit einem klaren Blick richtet sie sich auf: „Der Tod...doch er kommt zu früh. Ich habe keine Angst, doch ich muss erst mit jemanden sprechen.“ Während Holm, von Edit unbemerkt, ihr Gespräch mit anhört, erzählt sie dem Schnitter die Geschichte von ihrer Liebe zu Holm und wie sie die Familie ins Unglück getrieben habe. Wiederum springt die Narration zu einer Rückblende, die sich in eine dramatische Szene steigert. Nach der Beichte Edits sprengt Holm seine vom Tod auferlegten Handfesseln und kriecht zu ihr ans Bett. Er blickt leidend zu ihr hoch, auch sie erkennt ihn, als er behutsam seine Hand auf die ihre legt. Ein langer Blickkontakt zwischen den beiden markiert das versöhnliche Ende – der Tod wendet sich mit ähnlicher Formel an Edit, wie zuvor auf dem Friedhof an Holm und wiederum zieht er sich die Kapuze über den Kopf: „Schöne Gefangene, komm heraus aus Deinem Gefängnis.“ Eine halbnahe Einstellung zeigt nun Edits friedlich schlafende Gesichtszüge.

Der Schnitter zieht Holm mit sich aus der Stube; in der nächsten Einstellung fahren die beiden gemeinsam auf dem Kutschbock und der Fuhrmann sinniert darüber, dass er den Menschen gerne eine Neujahrbotschaft geben möchte. Kurz darauf stoppt der Wagen vor Holms Haus, der erschrocken nach dem Grund fragt. Beide gehen hinauf und sehen, wie Holms Frau sich und die Kinder vergiften will. Jetzt bricht Holm zusammen und beginnt zu beten und um Verzeihung zu bitten. Im selben Moment zieht der Schnitter wieder seine Kapuze über den Kopf und verabschiedet sich mit den Worten „Jetzt muss ich mich nicht mehr um Dich kümmern.“

Ein harter Schnitt zeigt den niedergestreckten Holm auf dem Friedhof. Doch nach einer Weile erwacht er, besinnt sich des Gerangels und des Erlebten (des Geträumten?). Sofort eilt er zu seiner Frau, die bereits das Gift im Teekessel angesetzt hat. Diese Last-Minute-Rescue-Episode inszenierte Sjöström wiederum als Parallelmontage und steigert das Leitmotivische der Zeit hier zur effektvollen Klimax. Holm ist rechtzeitig zuhause, seine Frau und die Kinder damit gerettet. Vor seiner Familie leistet er Abbitte, die ihm seine

Gattin erst gewährt, als sie ihn weinen sieht. Am Ende des Films steht das Bild des Geläuterten. Er betet: „Gott, laß meine Seele vor der Ernte reifen."

II. Das Figurenensemble Mädchen, Sünder, Schnitter

Der moralische Impetus der Erzählung verweist klar auf die religiöse Struktur des Memento-Mori-Gedankens. Die ausbalancierte Narration vermeidet aber eine zu simple Didaktik, was auch zeitgenössische Kritiker beeindruckte:

> „Alles in allem ein Kunstwerk von hoher Vollendung und zugleich ein Aufklärungsfilm im guten Sinne des Wortes, der nicht nur eine künstlerische, sondern auch eine ethische Mission erfüllt. Unseres Erachtens müsste der ‚Fuhrmann des Todes' unbedingt als Kulturfilm im Sinne der Lustbarkeitssteuerordnung gewertet werden."[158]

Dass die Balance zwischen Spannung und Moral ein wesentliches Moment dieses Films ist, zeigt sich nicht nur in der komplexen dynamischen Form (Flashbacks, Doppelbelichtungen, schnelle Schnitte, Parallelmontage, effektvolle Lichtsetzung), sondern auch in der wechselvollen Figurenkonstruktion und -konstellation. Der schwedische Filmhistoriker Gösta Werner zielt in diese Richtung, wenn er für KÖRKARLEN konstatiert:

> „Die Natur ist kein konkreter äußerer dramatischer Faktor wie in früheren Filmen. Sie ist stattdessen zu einem Resonanzboden für die Menschen, ihre Charaktere, Gefühle, Reaktionen und Handlungen geworden. Viel reicher nuanciert spielen die Menschen gegen die äußeren Motive an, die durch diesen Resonanzboden repräsentiert werden. Es hat teilweise eine Vertiefung, teilweise Verschiebung von äußerer zu innerer Spannung stattgefunden. Deshalb steht noch heute der Film *Körkarlen* als der vielleicht konsequenteste und vollendetste Repräsentant des schwedischen Stummfilms da."[159]

Werners Beobachtung der Verschiebung von äußerer zu innerer Spannung zielt auf die komplexe Dynamik der drei Hauptfiguren Edit, Holm und Fuhrmann (Tod)/Georges innerhalb der strengen moralischen Dichotomie von Gut und Böse. Der bipolare Aufbau bleibt zwar innerhalb der Narration bestehen, das Figurenmodell selbst wandelt sich aber stetig. Zum einen erzielt diesen Effekt die wechselnde Ausrichtung (*alignment*) im Sinne Smith', bedingt durch die unterschiedlich eingebetteten „Erzähler" der Flashbacks. So ist es Holm,

[158] In: Der Film, Nr. 52, vom 24. Dezember 1921, S. 44. Eingesehen im Filmmuseum Düsseldorf, Sammlung Burgmer.

[159] Vgl. Werner, Gösta (1988): *Die Geschichte des schwedischen Films*. Frankfurt. S. 41

der die Legende vom Fuhrmann des Todes erzählt, die er wiederum nur aus der Erzählung von Georges kennt (was in der komplexen Doppel-Rückblenden-Struktur Ausdruck findet). Dieser tritt nach dem (vermeintlichen) Tod Holms in Gestalt des Sensenmanns auf und erzählt in Rückschau das Leben Holms inklusive seiner Wandlung von einem guten Ehemann und Vater hin zu einem rachsüchtigen Trunkenbold. Die diversen Fokalisierungswechsel, aus denen sich mosaikartig das gesamte Leben des David Holm konstruiert, gipfeln in der Beichte von Schwester Edit vor dem Sensenmann, indem sie ihre Liebe zu Holm gesteht und sich gleichzeitig zur Schuld am Unglück der Familie bekennt. Die Parteinahme, Smith's *allegiance*, für jede der drei Figuren wechselt also innerhalb der jeweiligen Binnenerzählung, wenngleich über weite Strecken der Kontrast zwischen der Heilsarmeeschwester Edit als Symbolfigur des Guten gegenüber Holm als jener des Bösen beibehalten wird.

Leicht erschüttert wird dieses Pattern hingegen durch die Rückschau auf Holms Leben als guter Familienvater. In einer langen Sequenz sehen wir ihn zunächst als ehrbaren Schreiner; in einer weiteren Szene spielt Holm am See mit seiner Tochter, während seine Frau das Picknick zubereitet und andere Freunde gemeinsam auf einer Sommerwiese spielen. Genau dieses Bild der glücklich picknickenden Familie wird überblendet in das Bild einer Männerrunde, bestehend aus Holm, seinem Bruder (der später im Rausch mordet) und Georges. Die drei sitzen auf derselben Sommerwiese wie zuvor die Familie, nur jetzt sprechen sie stark dem Alkohol zu. Die „Initiation" Holms als Zecher drückt Sjöström mit dieser Ellipse aus, gleichzeitig weiß der Rezipient über die Verführung durch Georges, was eine gewisse Rehabilitation beim Zuschauer bewirkt. Gerade diese komplexe Struktur der Figur des David Holm ist es, die mit dem ebenso komplexen narrativen Aufbau korreliert. Durch den Verzicht einer streng linearen Erzählweise baut sich das Informationen-Mosaik rund um Holm nach und nach auf, der Rezipient ist gefordert, sein Figurenmodell immer wieder anzugleichen. Gleichzeitig zeichnet sich durch die alternierende Form der Geschichte zwischen dem Dialog auf dem Friedhof und den Rückblenden das Motiv des Büßers ab. Wäre durch die harsche Inszenierung der Figur Holms zu Beginn eine glaubhafte Läuterung am Ende nicht denkbar, so wirkt die Buße durch die Rückschau, die Beichte

Edits und das Zusammentreffen mit dem Fuhrmann am Ende jedoch plausibel.

Die alternierende narrative Form dient nach Meinung Peter Cowies aber auch der Glaubwürdigkeit der phantastischen Szenen:

> „The phantasmic scenes are even more credible because they are placed at intervals between the often brutally realistic incidents in the daily life of David Holm, the callous ribaldry in the taverns, the harsh quarrels between the husband and wife in front of the frightened children."[160]

Schwester Edits Beichte vor dem Tod dient als letzter Mosaikstein für das Zusammensetzen von Holms Vergangenheit. Dass sie ihre Liebe zu einem verheirateten Mann bekennt und somit gegen das sechste Gebot verstößt – sich also einer Todsünde schuldig macht – fällt durch das zuvor gesetzte Personenschema nicht weiter ins Gewicht, die Information der potentiellen Ehebrecherin wird also – mit den Worten von Smith – „assimiliert", also einfach überschrieben.

Für die Läuterung Holms wiederum ist dieses Bekenntnis von zentraler Bedeutung. Erst danach entschließt er sich freimütig zur Umkehr, was in dem unmittelbar anschließenden Tod Edits religiös-rituell überhöht wird. Die Figur der Edit, durch ihre Selbstaufgabe und Glaubensfestigkeit bereits im Laufe des Films auf diesen Höhepunkt hin inszeniert, übernimmt mit ihrem Sterben die Rolle der Erlöserin. Aus christlich-mythologischer Sicht sind Holm qua dieses Todes auch seine Sünden vergeben. Die Figur ist somit frei für eine Neudeutung, durch die Läuterung und die Absolution wird die Parteinahme für sie möglich. Die hauptsächliche Ausrichtung auf die Figur geht am Ende des Films in eine tatsächlich umfassende Sympathiestruktur über. Evident wird dies in der Schlusssequenz, wenn Holm den Selbstmord der Frau und der Kinder verhindern kann. Seinem Weinen schenkt die Ehefrau zunächst keinen Glauben, während der Rezipient bereits von seiner Läuterung überzeugt ist und – ausgerichtet an ihm – mit ihm leidet.

Wenn nun aber Schwester Edit und David Holm als Pole der manichaeischen Moralstruktur des Films aufgebaut sind, wie fügt sich dann die Figur des Schnitters ein? Während sich der personifizierte Tod in Langs DER MÜDE TOD auf beiden Ebenen der Narration als Signifikant einer allegorischen Tradition

Abb. 12: Der Sensemann besitzt bei seinem Eintreffen auf dem Friedhof nicht nur die Ikonographie seiner allegorischen Abstammung wie Sense, Kutte, Kutsche (links), sondern verfügt nach dem Absetzen seiner Kapuze zudem über eine wieder erkennbare Physiognomie mit charakteristischen Wesensmerkmalen durch die bereits etablierte Figur des Georges.

präsentiert, ist die Figur in KÖRKARLEN komplexer strukturiert. Im Prinzip spaltet sie sich sogar auf: Die Informationen, die handlungslogisch durch die Fabel des Fuhrmanns und die szenische Präsentation der Figur des Georges *vor* dem vermeintlichen Tod David Holms gesetzt sind, fließen in das tatsächliche Erscheinen des Schnitters mit ein. Die zwei zuvor unterschiedlich konstruierten Figuren präsentieren sich jetzt als Einheit. So gesehen besitzt der Sensenmann bei seinem Eintreffen auf dem Friedhof nicht nur die Ikonographie seiner allegorischen Abstammung (Sense, Kutte, Kutsche), sondern verfügt darüber hinaus über eine wieder erkennbare Physiognomie und mit den Attributen „fröhlich“, „aus guter Familie“ und „studiert“ auch über charakteristische Wesensmerkmale – sowohl für den Rezipienten als auch für Holm. Visualisiert findet sich diese Szene in einer Schuss/Gegenschuss-Einstellung: Der Wagen des Fuhrmanns hält, er faltet sich seine tief ins Gesicht gezogene Kapuze in den Nacken. Tatsächlich ist jetzt Georges' Gesicht erkennbar. Holm starrt ihn mit großen Augen an, auch Georges verharrt kurz auf dem Kutschbock mit stierendem Blick (Abb. 12).

Wichtig in diesem Moment ist vor allem das Wissen, dass beide Figuren in Verbindung zueinander stehen. Handlungslogisch markieren sich die folgen-

[160] Cowie, Peter (1970); S. 27

den Flashbacks deshalb ohne Bruch über die intradiegetische Instanz des Schnitters, wenn er sich zu Holm auf die Grabkante setzt. Nicht Holm erzählt, sondern Georges lässt das Leben des Sünders nochmals Revue passieren. Die Macht über die Narration bzw. die Rückblenden ist an dieser Stelle simultan mit der symbolischen Macht des Schnitters zu sehen. Dabei fungiert er nicht nur als allwissender Erzähler, sondern auch als erlebende Figur – etwa wenn er den ehrbaren Handwerker Holm zum Trinkexzess animiert – innerhalb der Rückblenden. Die neutrale Erzählhaltung verdeutlicht den Übertritt der Figur: Georges war Teil eines früheren Lebens, hält jetzt als Fuhrmann aber die Hoheit über die unfokalisierte Erzählung.

KÖRKARLEN verfolgt trotz der Aufsplittung in mehrere Flashbacks eine ähnliche Rahmung wie DER MÜDE TOD. Auch hier markieren die Doppelbelichtungen und Überblendungen eine intradiegetisch allegorische Ebene, die sich dadurch von einer „realen" abgrenzt. Allerdings findet sich das Stilmittel in diesem schwedischen Beispiel konsequenter angewendet. So gibt es keine Einstellung, in der der Fuhrmann nicht als Doppelbelichtung in Erscheinung tritt. Im Gegensatz zu Langs Version fungiert der Schnitter hier aber auch nicht als Teil beider intradiegetischer Reiche, sondern teilt sich auf in die Figur des Georges innerhalb des „realen" Raums und in den Fuhrmann des „jenseitigen".

III. Des Fuhrmanns Gesicht: Emotion und Kohärenz

Markierte in DER MÜDE TOD vor allem die bipolare Struktur transparent und undurchsichtig das Changieren der Figur des Schnitters innerhalb der intradiegetischen Realitäten, ausgedrückt durch eine starre bzw. bewegte Mimik, erfüllt in KÖRKARLEN der Kapuzenmantel eine ähnliche Funktion. Ins Zentrum rückt somit die Bedeutung der Physiognomie für die Konstruktion der Figur in diesem Beispiel. Erinnern wir uns: Während Holm auf dem Friedhof die Fabel des Fuhrmanns nacherzählt, zeigen die Rückblenden den Schnitter umhüllt von einem langen Mantel, die Kapuze stets tief ins Gesicht gezogen. Als Holm erschlagen auf dem Friedhof liegt, sehen wir denselben Fuhrmann – bis zu dem Zeitpunkt, als er seine Kapuze absetzt. Jetzt hat der Schnitter ein Gesicht, es ist dies von Georges. Die Figur der Fabel und die des Georges sind zu diesem Zeitpunkt zwar in einer Person vereinigt, allerdings zeichnet sich der Split dennoch ab. Anders ausgedrückt: Der Schnitter wandelt sich durch das Gesicht Georges' von einer rein allegorischen Personifikation in eine beschreibbare Figur.

So sind die Gesichtszüge von Georges immer dann zu sehen, wenn dadurch Rückblenden aus dem Leben Holms markiert werden sollen. Schreitet der Schnitter aber zur „Amtshandlung", die Seele aus dem toten Leib zu holen, zieht sich der Fuhrmann die Kapuze tief ins Gesicht. Die Figur wird anonymisiert, gleichsam entpersonalisiert und in ihren allegorischen Ursprung, der Personifikation, zurückverwiesen. Ein Prinzip, das Balázs für die Bildmetapher feststellt:

> „Durch die Einstellung also bekommt das Bild symbolische Bedeutung. Wie bekommt es etwa überpersönlichen Sinn? So, daß die Einstellung das individuelle Gesicht ausschaltet."[161]

Das kohärenzstiftende Moment zwischen Holm und dem Fuhrmann drückt sich also in der Physiognomie Georges aus. Die Rückblenden können handlungs- und bildlogisch dadurch ebenso motiviert werden, wie ein Verharren in bloßer ikonographischer Allegorik in der Figur des personifizierten Todes dadurch vermieden wird. Oder anders formuliert: Durch das lesbare Gesicht schafft die Figur ihre Unmittelbarkeit. Dass die Figur des Schnitters in KÖRKARLEN teilweise über ein „lesbares" Gesicht verfügt, löst sie nicht nur aus ihrem allegorischen Rahmen und macht sie für den Rezipienten bezüglich ihrer Sympathiestruktur beschreibbar, sondern ermöglicht innerhalb der Diegese erst die Interaktion mit den anderen Figuren. So spiegelt sich die Enttäuschung über Holms Widerwillen zur Läuterung ebenso auf dem Gesicht wie das Mitleid um die todkranke Edit – kurz: Der Sensenmann erhält durch die Physiognomie Georges eine emotionale Komponente. Die Wichtigkeit der Visualisierung von Emotionen fasst Murray Smith so zusammen:

> „Ein Beweis anderer Art für die fundamentale filmische Bedeutung des Gesichtsausdrucks zeigen uns Filme mit Figuren, die diese Ausdrucksmöglichkeiten verloren haben – beispielsweise das Gesicht des verbrennungsverletzten Fliegers in *The English Patient* (Anthony Minghella, USA 1996) [...]. Der Ausdruck von Emotionen zielt in zwei Richtungen: nach innen, zum subjektiven Seinszustand der Figur, und nach aussen, zu anderen, die die Figur wahrnehmen und mit ihr interagieren. Gesichter, die keine Emotionen ausdrücken können, treffen und beunru-

[161] Balázs, Béla (2001[1930]): *Der Geist des Films*. Frankfurt. S. 34.

higen uns, weil sie uns eine grundlegende Möglichkeit sozialer Interaktion vorenthalten."[162]

Durch das einfache Mittel der Kapuze vereinigt sich in der Figur des Fuhrmanns beides: die Möglichkeit der Interaktion und der subjektiven Deutung durch das Erkennen von Georges Physiognomie auf der einen Seite – die Unmittelbarkeit der Figur also; andererseits verweist das durch die Kapuze verdunkelte Gesicht auf die beunruhigende, zweite Seite, nämlich auf die des ahasverischen abstrakten Todes.

[162] Smith, Murray (2005): Wer hat Angst vor Charles Darwin? Die Filmkunst im Zeitalter der Evolution. In: Brütsch, Matthias/ Hediger, Vinzenz et al. [Hrsg]: *Kinogefühle. Emotionalität und Film.* S. 297.

G. Reflexive Strategien in DET SJUNDE INSEGLET

I. Ikonographische Motive und emblematische Figuren

Seit seiner Erstaufführung 1956 steht Ingmar Bergmans DET SJUNDE INSEGLET (DAS SIEBENTE SIEGEL) als Referenzfilm diverser Diskurse und Disziplinen. Theologische Perspektiven greifen beispielsweise die eschatologische Fragestellung auf[163], philosophische Studien diskutieren den Film im Hinblick auf die Bewältigung existentieller Krisen[164] und kunsthistorisch wird neben der szenischen Umsetzung des Totentanzes am Ende meist ebenso Bezug auf die ikonographische Nähe der Motive zu Pieter Bruegel oder Albrecht Dürer genommen.[165] Selbst im Diskurs um die Gefahren im Zeitalter nuklearer Bedrohung bietet DET SJUNDE INSEGLET Anknüpfungspunkte durch sein apokalyptisches Setting im Zeitalter der Pest.[166]

Meist eher vage beschrieben bleibt die Stärke des Films in „berückend schönen Schwarz-weiß-Bildern“[167], in „all the surprise and suggestiveness of legend, and a quite marvellous feeling of period-medieval lyricism and cruelty, sense of dread and sense of wonder all commingled“[168]. Oder wie Eric Rohmer es formuliert:

[163] Vgl. bspw. Ketcham, Charles (1986): *The Influence of Existentialism on Ingmar Bergman. An Analysis of the Theological Ideas Shaping a Filmmaker's Art*. Lewiston/ Queenston.

[164] Vgl. bspw. Lauder, Robert (1989): *God, Death, Art and Love. The Philosophical Vision on Ingmar Bergman*. New York/New Jersey.

[165] Vgl. bspw. Kiening, Christian (2003): *Das andere Selbst. Figuren des Todes an der Schwelle zur Neuzeit*. Fink. München. S. 161 ff.

[166] Bergman selbst erwähnt die Anschlussfähigkeit an die Moderne: „In my film the crusader returns from the Crusades as the soldier returns from the war today. In the Middle Ages, men lived in terror of the plague. Today they live in terror of the atomic bomb." In: Steene, Birgitta [Hrsg]: *Focus on The Seventh Seal*. Spectrum New York.

[167] Kiening, Christian (2003): *Das andere Selbst. Figuren des Todes an der Schwelle zur Neuzeit*. Fink. München. S. 172.

[168] Anderson, Lindsay (1972 [1957]): *The Seventh Seal*. Edinburgh Film Festival Catalogue. Reprint in Steene, Birgitta [Hrsg]: *Focus on The Seventh Seal*. Spectrum New York. S. 138.

> "The figures and forms he [Bergman] presents are never flat but seem the fruit of an original creation. His art is so frank, so new that we forgot it for the problem it embodies."[169]

Ohne es näher zu benennen, zielt Rohmer bereits in eine Richtung, die den Film für die Analyse unter der Figuren-Perspektive zwischen Abstraktheit und Unmittelbarkeit anbietet: Sind tatsächlich *alle* Figuren, wie Rohmer konstatiert, nicht als „flache" Charaktere inszeniert? Wenn ja, wie löst Bergman dann den personifizierten Tod aus seiner piktorialen Allegorik? Lässt er ihn ebenfalls so unmittelbar erscheinen wie die anderen Figuren des Ensembles?

II. Moralisches Memento-Mori und apokalyptische Allegorien

In den ersten Szenen der Exposition verdichten sich geistige und abstrakte Zusammenhänge in einer bildgewaltigen Filmsprache[170]: Dem Vorspann folgt ein langes Schwarzbild, lediglich das Crescendo eines Orchesters ist zu hören. Es mündet kontrapunktisch in der schnellen Aufblende zu einem unruhigen Wolkenhimmel, der zu einem kreisenden Adler überblendet wird. Die Dramatik generiert sich nicht nur aus den starken Hell-Dunkel-Kontrasten des Himmels und der extremen Untersicht der Kamera, sondern zudem über den auditiven Kanal: Ein Chor singt das *Dies irae*, kraftvoll und von Paukenschlägen begleitet. Dann folgt ein Schnitt zu einer schroffen Felsformation, die sich entlang der Küste auftürmt, der Chor ist verstummt. In einer Totalen stehen zwei Pferde am steinigen Strand, an dem sich sanft die Wellen brechen. Aus dem Off zitiert eine Stimme den Text der *Offenbarung*: „Und als es [das Lamm] das siebte Siegel öffnete, trat eine Stille im Himmel ein, wohl eine halbe Stunde lang. [...] Und die sieben Engel mit den sieben Posaunen rüsteten sich zum Spiel."[171]

Nach dem Ende des Prologs folgt der eigentliche *establishing shot*. Die extradiegetische Musik ist verstummt, stattdessen bildet das Rauschen der

---

[169] Rohmer, Eric (1972 [1958]): With *The Seventh Seal* Ingmar Bergman offers us his Faust. Reprint in Steene, Birgitta [Hrsg]: *Focus on The Seventh Seal*. Spectrum New York. S. 134.

[170] Wie nachhaltig diese ersten Minuten sind, verdeutlicht unter anderem die ornithologische Debatte um die Art des Vogels, der am Firmament seine Kreise zieht. Vgl. dazu Steene, Birgitta (1972): *Focus on The Seventh Seal*. Spectrum New York. S. 9.

[171] Offenbarung des Johannes 8, 1/8,6

Abb. 13: Der erste plötzliche Auftritt des Schnitters in DET SJUNDE INSEGLET ist geprägt von der gekalkten Physiognomie und dem stereotypen Dialog des Jedermann mit dem Ritter. Abb. 14: Bergman übernimmt das ikonographische Motiv vom Tod als Schachspieler in seiner Exposition.

See die diegetische Kulisse. Eine Halbtotale zeigt nacheinander Antonius Block, den Ritter, und seinen Knappen, Jöns, die beide auf dem steinigen Strand schlafend liegen. Block erwacht und blickt Richtung Himmel, neben ihm ist deutlich sichtbar ein Schachbrett aufgebaut, dessen Figuren nicht in der Ausgangsstellung stehen. Der Ritter geht zum laut rauschenden Meer und wäscht sich sein Gesicht, bevor er am Strand auf die Knie fällt und betet. Zurück an seinem Schlafplatz beginnt er seine Habseligkeiten zu packen, das laute Brausen des Meeres ist plötzlich verstummt. Erschrocken dreht er sich um. Mit seinem Blick sieht nun auch der Rezipient in einer Halbtotalen eine schwarzgewandete Gestalt, die sich hinter dem Ritter postiert hat. Auffallend ist das weiße Gesicht des Fremden, das allein von dem schwarzen Kapuzenmantel unbedeckt bleibt (Abb. 13). Der stereotype Dialog des Jedermann der Moralitäten[172] entspinnt sich: „Wer bist du?“, fragt der Ritter. „Ich bin der Tod“, gibt der Fremde unumwunden zu. „Kommst du, mich zu holen?“, fragt Block sichtlich unbeeindruckt. „Ich gehe schon lange an deiner Seite“, entgegnet der Tod. „Das weiß ich“, kontert der Ritter. Das plötzliche Auftauchen an dem einsamen Strand, die ruhigen Antworten des erst erschrockenen Blocks und der seltsame Verlauf des Gesprächs kennzeichnen den personifi-

[172] Bergman arbeitete nicht nur für den Film und das Theater, sondern ebenfalls für den Rundfunk. Dafür produzierte er im April 1956, also kurz vor den Dreharbeiten zu DET SJUNDE INSEGLET, eine Hörspielversion von Hofmannsthals *Jedermann*. Vgl. Cowie, Peter (1982): *Ingmar Bergman. A Critical Biography*. London. S. 138

zierten Tod an dieser Stelle eigentlich als einen Bekannten, der in seiner tatsächlichen Präsenz aber zunächst unvertraut für den Ritter erscheint. Das Motiv des „unbekannten Vertrauten“ setzt sich in dem Vorschlag Blocks, sein Leben durch eine Partie Schach zu verlängern, fort. Er kennt die Passion des Schnitters, ist also mit den piktorialen Mustern und allegorischen Darstellungen, die über den Tod kursieren, vertraut (Abb. 14).

In der nächsten Szene ist der Schnitter verschwunden. Block rüstet zum Aufbruch und weckt seinen immer noch schlafenden Knappen Jöns. Die letzte Etappe ihrer Reise steht an. Beide kehren gerade von einem zehnjährigen Kreuzzug wieder in die Heimat Schweden zurück. Doch auch hier finden sie nicht den erhofften Frieden, die Pest grassiert im Land und die Angst des Volkes mischt sich mit einer apokalyptischen Grundstimmung.

Auf ihren Stationen zur heimatlichen Burg machen Block und Jöns unterschiedliche Bekanntschaften. So trifft Jöns, der zynische Agnostiker, in einer kleinen Landkirche den Maler eines Totentanz-Gemäldes. Es wird eine Lehrstunde über das moralische Memento-Mori in Zeiten der Pest und die Funktion der Kunst. Block selbst beichtet in dieser Kirche, merkt dabei aber nicht, dass der Konfessor gegenüber der Tod ist (der weniger an seinen Sünden als vielmehr an seiner Schach-Strategie interessiert ist). Vor dem Gotteshaus begegnen Block und Jöns zum ersten Mal Tyan, einem jungen Mädchen, das angeblich mit dem Teufel im Bunde ist und Schuld an der Pest haben soll. Für Block wird die Todgeweihte zum Forschungsobjekt, sucht er doch immerfort nach einem Sinn im Leben und nach Antworten auf seine Glaubensfragen. Als sie das zweite Mal auf Tyan treffen, steht ihr Tod auf dem Scheiterhaufen kurz bevor. Der Ritter erkennt, dass er von ihr auf keine Antwort hoffen kann, ist Tyan doch mehr dem Wahnsinn als dem Teufel verfallen.

Den Gegenentwurf zu dem unschuldigen Mädchen bildet Rabal, den Jöns in einem verlassenen Dorf beim Leichenfleddern überrascht. In ihm erkennt er jenen Priester, der Antonius Block vor zehn Jahren für den Kreuzzug begeisterte. Mittlerweile vom Glauben abgefallen, zieht Rabal den ganzen Zorn Jöns auf sich, gibt er ihm doch die Schuld an den verlorenen Jahren. Er lässt ihn allerdings laufen. Die Drohung, Rabal das nächste Mal im Gesicht zu zeichnen (das Kainsmal), setzt er kurze Zeit später bei der erneuten Begegnung in einer Schenke um. Die junge, schweigsame Frau indes, die Jöns vor der Vergewaltigung Rabals rettete, nimmt der Knappe kurzerhand als seine Haushälterin mit.

Einen längeren Aufenthalt erlebt der wachsende Tross in einem kleinen Dorf, das zum Kreuzungspunkt des gesamten Figurenensembles wird. Die Wanderschauspieler Skat, Mia und Jof geben hier ihre Kunst zum Besten, treffen aber auf ein wenig interessiertes Publikum. Das burleske Spiel der Schauspieler wird jäh durch ein reales Theater unterbrochen: Ein Zug von Flagellanten durchbricht das Treiben auf der Bühne und ein Prediger mahnt mit drastischen Worten zur Buße. Lediglich Skat entzieht sich dem schaurigen Schauspiel, er hat sich zwischenzeitlich mit Lisa, der feisten Frau des Schmieds Plog, aus dem Staub gemacht.

In dem kleinen Dorf laufen nicht nur die zuvor parallel erzählten Figurenstränge des Paares Block und Jöns auf der einen sowie Mia und Jof auf der anderen Seite zusammen, hier verdichtet sich zudem das Motiv der Sinnsuche in einem allegorischen Bild des Idylls. Während Jöns und Jof in der Schenke sind, wartet Antonius Block auf einem Hügel in der Abendsonne auf die nächste Partie Schach mit dem Tod. Der Ritter liegt vor dem Brett, hinter ihm zeigt sich die Küstenlinie mit einer ruhigen See. Block blickt vom Brett auf und sieht im Hintergrund den Wagen der Wanderschauspieler. Mia spielt mit ihrem Sohn Mikael, es entspinnt sich ein Dialog zwischen dem Ritter und der Mutter. Er setzt sich zu der Frau und redet über seine Müdigkeit und seine innere Leere. Während Block in seinen bedeutungsschweren Sätzen verharrt, antwortet Mia mit entwaffnender Leichtigkeit. Nach einer Weile kehrt Jof von seinen traumatischen Erlebnissen in der Schenke nachhause und legt sich in Mias Schoß, die ihn tröstet.

Die Familie lädt Block zum einfachen Essen ein: selbstgepflückte Walderdbeeren und frisch gemolkene Milch. Auch Jöns und seine Begleiterin gesellen sich zu der Runde. Die Szene ist ein allegorisches Tableau, kompositorisch perfekt inszeniert (Abb. 15). Untermalt von der Lautenmusik Jofs, hält Antonius Block einen Monolog über die Schönheit des Augenblicks. Wie eine Pretiose liegt die Schale mit Milch in seinen Händen, sinnbildlich für das Gefäß des Lebens. An diesen friedlichen Augenblick will er sich ewig erinnern, gelobt er. Zum ersten Mal entspannen sich seine harschen Gesichtszüge und er lächelt.

Abb. 15: Das Motiv der Sinnsuche verdichtet sich in einem allegorischen Bild des Idylls; Bergmans Figurenensemble feiert die Schönheit des Augenblicks mit Walderdbeeren und Lautenmusik. Abb. 16: Der Ritter bietet dem Tod das „Matt" in einem präzise choreographierten Tableau.

Mit diesem Lächeln kehrt er der Runde den Rücken und begibt sich zu seinem Schachbrett. Seinen suchenden Blick fängt die Kamera mit einer Nahaufnahme ein. Als er sich rechts aus der Kadrierung bewegt, erscheint von links aus dem Nichts ebenfalls in einer Nahaufnahme der Tod. Er blickt leicht verärgert, weil ihn der Ritter warten ließ, doch während des Spiels bemerkt er eine Veränderung in Blocks Gesicht. Die präzise Choreographie der Szene ist bemerkenswert: Während Tod und Block im Vordergrund den linken und rechten Bildrand begrenzen, setzt sich genau auf der Höhe des Schachbretts im Hintergrund das allegorische Idyll mit der „heiligen Familie" der Gaukler[173], dem Knappen und seiner Begleiterin fort (Abb. 16). Block lächelt immer noch, doch über seine neue Zufriedenheit spricht der Ritter nicht, er bietet dem Tod sogar das Schach. Der Schnitter kennt die Pläne Blocks, zusammen mit den Schauspielern in der Nacht den düsteren Wald zu passieren. Der Tod erkundigt sich nach Mikael, dem kleinen Sohn von Mia und Jof. Block erschrickt und fragt nach dem Grund des Interesses. Doch der Schnitter wiegelt ab: „Nur so." Im Moment der Frage verstummt das leise Lautenspiel Jofs und eine extradiegetische dramatische Musik untermalt die Spannung, die der ruhigen Abendszene – der Ruhe vor dem Sturm – ein Ende setzt.

---

[173] Die Namen Mia und Jof, also Maria und Josef, sind ein deutliches Zitat in Anlehnung an die Heilige Familie der Bibel.

In der nächsten Szene ist das Vogelgezwitscher verstummt, der weite helle Himmel ist nicht mehr zu sehen. Die Dämmerung beginnt bereits, als sich der Tross zur nächtlichen Fahrt durch den Wald rüstet. Der Schmied Plog, verzweifelt ob des Verlusts seiner Frau, wandert ebenfalls mit. Im Wald aber trifft er auf die Entlaufene; zwischen seinem Nebenbuhler Skat und ihm kommt es zum Streit. Ein Schauspieler-Trick rettet Skat vor einer handfesten Auseinandersetzung mit dem körperlich überlegenen Schmied: Skat mimt seinen eigenen Selbstmord durch einen Dolchstich. Plog findet die Vorstellung überzeugend und zieht mit den Anderen weiter. Skats gespielter Suizid führt dagegen kurze Zeit später zu seinem richtigen Ableben: Als Schutz vor Räubern will er die Nacht auf einem Baum verbringen, als er einen unbekannten Holzfäller bemerkt, der niemand anderer als der Tod ist. In einer grotesken Szene schachert Skat um sein Leben, doch zu spät – der Baum, sein Lebensbaum, fällt bereits. Insgesamt wird der Wald zu einem Schwellenraum[174], zu einer Hadesmetapher: Neben Skat lassen in derselben Nacht auch Tyan, die vermeintliche Hexe, und Rabal, der Sadist, darin ihr Leben.

Im Nachtlager fordert der Tod den Ritter zur letzten Partie. Jof beobachtet das Spiel und erkennt plötzlich den unheimlichen Gegner Blocks. Mia glaubt ihm seine Vision. Durch einen Trick des Ritters – in einer vermeintlich ungeschickten Handbewegung wischt er die Figuren vom Brett – scheint der Tod für kurze Zeit abgelenkt, so dass sich der Familie eine Fluchtmöglichkeit bietet. Die Fokalisierung folgt nun ihrer Fahrt durch den Wald, über dem sich ein gewaltiger Sturm zusammenbraut. Gewitter, Regen und Donner begleiten das Entfliehen.

Die Bilder des Gewitters blenden sich in die Wanderung des restlichen Trupps über. Antonius Block ist mit seinen Freunden bei der Burg angekommen, seine Frau Karin erwartet ihn bereits. Gerade als mit dem Abendessen begonnen wird, ist ein lautes Klopfen zu hören. Jöns öffnet, berichtet nach seiner Rückkehr aber, niemanden angetroffen zu habe. Doch inmitten des Mahls tritt plötzlich der Tod auf, unsichtbar für die Kamera, sichtbar für die Akteure und durch ihre Reaktionen für die Zuschauer deutbar. Was folgt, spart eine Ellipse aus.

---

[174] Vgl. Kiening, Christian (2003): *Das andere Selbst. Figuren des Todes an der Schwelle zur Neuzeit.* Fink. München. S. 175

Die Fokalisierung springt zurück zu der Gaukler-Familie. Es ist Morgen, der Sturm hat sich verzogen und die Sonne scheint. In der Schlusssequenz ziehen sieben Figuren am Horizont tanzend von Ost nach West. Die Spitze hat der Tod übernommen, kenntlich durch die Sense. Nicht nur der Rezipient sieht den Totentanz, auch für Jof wird das Treiben deutlich. Er übersetzt das Geschehen für Mia, der die Szene verborgen bleibt. Sie glaubt ihm nicht und so zieht die Familie weiter Richtung Westen, dem hellen Horizont entgegen.

III. Stilisierung und Typage als kompositorische Prinzipien

Die starke Stilisierung in DET SJUNDE INSEGLET ist unübersehbar: Nahezu jede Einstellung ist streng zu einem tiefenscharfen Tableau durchkomponiert, einige gehen gar explizit auf mittelalterliche Bildtraditionen zurück.[175] Stilistisch markieren gedehnte Blenden und Überblendungen die Übergänge zwischen den langen Einstellungen. Die mittelalterliche Verortung der Narration betont die Künstlichkeit, auch die Komposition des Figurenensembles ist konstitutiv. Es scheint also nicht in der Absicht des Films zu liegen, einen intradiegetischen „Realismus“ zu entfalten, die Künstlichkeit ist vielmehr gewollt. So verdichten sich die Einstellungen und Sequenzen zu Diagrammen plakativer Bedeutung: Die Vision Jofs von der Gottesmutter Maria als transzendenter Augenblick, die Abendstimmung mit Erdbeeren und Milch als allegorisches Idyll, die Hexenverbrennung als pars pro toto ideologischer Grausamkeit. Bezogen auf die Figurenkomposition agieren in DET SJUNDE INSEGLET vielmehr konventionalisierte *Typen* im Sinne einer medialen kulturellen Konstruktion, wie sie Tröhler und Taylor definieren:

> „Als stärker medial-kulturell gebundene Kategorie ist der Typ auch die Verkörperung einer abstrakten Personen-Idee, deren Ausformung sich empirisch in keinem spezifischen Individuum finden ließe und die vollständig im Dienst der Rolle steht;

[175] „Das Schachspiel zwischen Ritter und Tod besitzt einen Vorläufer im berühmten Kupferstich des Meisters BR; der einen Mann auf dem Lebensbaum absägende Tod wurde in Einblattdrucken und Handschriftenillustrationen dargestellt; der Totentanz war in ganz Europa verbreitet. Bergman kannte die verschiedenen Traditionen teils aus Wandmalereien in schwedischen Kirchen.“ Vgl. Kiening, Christian (2003): *Das andere Selbst. Figuren des Todes an der Schwelle zur Neuzeit*. Fink. München S. 174.

> in diesem Falle ist die Rolle als Prädikat, als Handlungsprogramm, und der Typ als deren attributive Veräußerung zu verstehen."[176]

Der Ritter als aufrechter Gottessucher, sein Knappe als altruistischer Zyniker, der ehemalige Kleriker als perfider Sadist, die Gaukler als heiter-naive Hedonisten. Bergman kontrastiert die komplementären Figuren und mischt sie immer wieder zu neuen Ensembles. Was dadurch entsteht, ist nicht nur das exemplarische, stark abstrahierte Panorama einer Gesellschaft, sondern auch der Blick auf existentielle Grundhaltungen: naiv, reflektiert, egozentrisch etc. Im Extremfall ergeben sich daraus polare Figurenpaare, wie sie etwa in Block und Jöns evident werden. So steht der gläubige Zweifler dem bekennenden Atheisten gegenüber. Beide binden sich jedoch in die Schicksalsgemeinschaft ein, deren Heimweg zur letzten Reise wird.

Wie aber fügt sich die Figur des personifizierten Todes in das Ensemble? Verharrt sie ebenfalls in dieser Typen-Konstruktion, bleibt nur als abstraktes Absolutum lesbar? Auffallend ist zunächst der reiche Zitatenschatz, aus dem sich Bergman bedient: Der Tod als Schachspieler, als Holzfäller oder als Anführer des Totentanz-Reigens. Das Figurenmodell setzt also auch hier auf ein kunsthistorisch bereits eingeführtes Personenschema des Schnitters. Oder anders formuliert: Bergman variiert zunächst zitatenreich die ikonographische Personifikation der Todesfigur.

Innerhalb des Beziehungsgeflechts taucht der Schnitter über weite Teile des Films hauptsächlich als Bezugsgröße des Ritters auf, als Metonymie indes ist er allgegenwärtig. Damit führt DET SJUNDE INSEGLET einen neuen Diskurs im Vergleich zu den voran besprochenen Beispielen über die beiden Ebenen der intradiegetischen Welt und Überwelt: Weder Doppelbelichtungen noch andere Formen der Phantasmagorie markieren den Grenzübertritt der Hauptfiguren, sondern der Tod agiert in gleicher Präsenz und zur selben Zeit wie die „weltlichen" Akteure. Ist er in persona nicht zu sehen, so zeugen Sinnbilder wie etwa die Totenkopf-Maske am Wagen der Gaukler oder der Totenschädel unter dem Kapuzenmantel am Wegesrand beredt von seiner Allgegenwärtigkeit. Das Absolute des Todes entgrenzt sich und führt weg von der rein

[176] Vgl. Taylor, Henry/ Tröhler Margrit (1999): Zu ein paar Facetten der menschlichen Figur im Spielfilm. In: Heinz B. Heller et al [Hrsg]: *Der Körper im Bild: Schauspiel-Darstellen-Erscheinen*. Marburg. Schüren. S. 147.

Abb. 17: Als Metonymie allgegenwärtig: Der Tod zeigt sich in DET SJUNDE INSEGLET nicht nur in Persona, sondern auch als Maske am Wagen der Gaukler oder als Pestopfer am Wegesrand.

filmischen Figur (Abb. 17). Diese Omnipräsenz bindet Bergman andererseits wieder direkt an die Figur an. Sie wird zum herrschenden Prinzip der Auftritte des personifizierten Todes, verdeutlicht im Aufbau und der Schnittfolge der Szenen. Das erste Erscheinen des Schnitters beispielsweise geschieht aus dem Nichts: Die vorangegangenen Totalen zeigen einen einsamen Strand, an dem sich Ritter und Knappe ausruhen. Eine Bewegung anderer Personen wäre über eine weite Distanz hin sichtbar gewesen. Plötzlich aber steht der Tod hinter dem Ritter. Da die Fokalisierung über Antonius Block erfolgt, erschrickt man über die plötzliche Präsenz des Schnitters beim effektvollen *eyeline-match-cut* ebenso wie Block. In seiner vollen körperlichen Größe zeigt sich der Tod nun frontal vor der Kamera. Es entspinnt sich der bereits beschriebene Dialog im typischen Schuss-Gegenschuss-Verfahren. Der Schnitter hebt unter seinem langen schwarzen Mantel den rechten Arm und geht frontal auf die Kamera zu, ein harter Schnitt zeigt nun das immer bildfüllendere Gesicht des Schnitters – dann wird die Leinwand schwarz, lediglich die Stimme des Ritters ist zu hören: „Warte einen Moment." Der Arm sinkt und nach einer kurzen Phase der Orientierung erkennt der Rezipient, dass sich die Kamera um 180 Grad gedreht hat: ihre Position liegt jetzt im Rücken des Schnitters. Ein bewusstes Spiel um Verwirrung, das auf einer zweiten Ebene die Allgegenwärtigkeit des Todes symbolisiert. Wenn der Schnitter auftritt, gehorcht er keinen Gesetzen. Sein Gesicht schiebt sich aus dem Nichts ins Bild – wie etwa nach der Erdbeer-und-Milch-Sequenz. Am Ende des Films bleibt er in seiner Präsenz gar unsichtbar, ist nur über die Reaktionen der Abendmahls-Gäste in der Burg zu deuten. In der Waldszene dagegen zeigt der Tod körperlichen Einsatz, wenn er selbst Skats Baum mit der Säge fällt. Das plötzliche Auftauchen und die sprunghaften Achsenwechsel charakterisieren die Figur als unberechenbar, willkürlich und als Teil einer medial nicht fassbaren Welt.

Die Strategie zeigt sich nicht nur stilistisch, sondern organisiert weitestgehend zudem die Narration. Wie erwähnt, bildet die Figur des Todes primär die Bezugsgröße zu Antonius Block. Erst im Wald wird der Schnitter auch für andere sichtbar: er zeigt sich Skat und Tyan – jeweils im Moment ihres Todes. Jof, der Gaukler, ist der einzige, der den Schnitter sieht, mit ihm aber nicht interagiert. Interessanterweise bleibt das Erkennen klimaktisch der finalen Schach-Partie im Wald vorbehalten. Rein bildlogisch betrachtet hätte Jof den Schnitter bereits in der friedvollen Abendstimmung beim Spiel mit dem Ritter dechiffrieren können, zumal seine Gabe des „zweiten Gesichts“ schon die Marienerscheinung im expositorischen Auftritt verdeutlichte. Dass ausgerechnet der Gaukler der Sehende ist und nicht die als feinfühlig inszenierte Mia, rekurriert wohl ebenfalls auf die Totentanz-Tradition: Jof steht als Narr in unmittelbarer Verwandtschaftslinie zu ihrem Grundgedanken. Die Verkleidung bei Karnevalsumzügen diente ursprünglich einer ähnlichen Funktion wie die Totentanz-Darstellung. Der Narr erinnert die Menschen an ihre Vergänglichkeit und Sterblichkeit, entsprechen Masken und Kostümierungen doch einer Verpuppung und symbolisieren die Auferstehung nach dem Tode.[177] Bergman variiert das Motiv auf ironische Weise, wenn er Jof im Narrenkostüm durch das Erkennen des Todes an seine *eigene* Sterblichkeit erinnert – und seine Familie und sich so vorerst davor bewahren kann.

Ironische Brechungen finden sich überhaupt häufig in der Inszenierung, reichern vor allem aber das Personenschema des personifizierten Todes an. Bergman schafft damit Unmittelbarkeit: Die Ironie in der Folge der Auftritte sowie im Handeln des Todes selbst rückt die Figur aus der piktorialen Allegorik heraus. Indem der Schnitter ironisch, gar humorvoll wirkt, bricht die Figur auf, sie erhält Charakter und Individualität.

Abb. 18: Der Schnitter präsentiert sich nicht nur als (Lebens-)Baumfäller, sondern recht albern und schlitzohrig dazu. Seine Ironie doppelt sich in der Mise-en-scène, hatte Skat doch kurz vor seinem Tod bemerkt: „Der Teufel soll mich holen." Das Eichhörnchen auf den Stumpf verweist auf das Symboldenken des Mittelalters, wonach das Tier wegen seiner Gewandtheit und seiner roten Färbung als Synonym für den Teufel gebraucht wurde.

Im Gegensatz zu den voran besprochenen Beispielen agiert der Tod in DET SJUNDE INSEGLET als emanzipierte Größe. Weder beklagt er sich über die Bürde seines Amtes, noch verweist er auf eine höhere Instanz als Rechtfertigung seines Tuns. Und doch ist der dynamische Charakter das Prägende der Figur: der magisch-religiösen Färbung des Films, thematisiert durch Apokalypse und Pest, steht damit der ironisch-launige Schnitter entgegen.

Die Figuren des Ensembles dagegen zeigen sich als Embleme verschiedener Geisteshaltungen und bleiben während des filmischen Verlaufs auch auf sie reduziert. So betet der Ritter am Anfang und am Ende des Films, immer noch nach einer fassbaren Glaubensgröße suchend. Jöns, der Knappe, behält seine Auflehnung bei und ergibt sich dem Tod selbst am Ende nur „unter Protest", wie er spitz bemerkt. Der schlichte Schmied und seine feiste Frau bleiben durch ihre Nebenrollen völlig reduziert. Doch selbst Mia und Jof entwickeln sich nicht, das zu Beginn etablierte Personenschema der sorglos-naiven Künstlerseele erfährt keine Variation: Alle Informationen festigen also den *primacy effect*, wie ihn Smith definiert.

---

[177] Vgl. Wunderlich, Uli (2001): *Der Tanz in den Tod. Totentänze vom Mittelalter bis zur Gegenwart*. Freiburg. S. 49.

Diesen Modellen steht die Todes-Figur gegenüber. Der *primacy effect* generiert sich bei ihr, wie beschrieben, zunächst aus der piktorialen Allegorik der ersten szenischen Auftritte: Der Tod im Mönchsgewand, das Schachspiel, der Konfessor. Die Großaufnahmen des gekalkten Gesichts zeigen keine allzu starre Mimik wie etwa in DER MÜDE TOD, das Gesicht bleibt auch während des filmischen Verlaufs stets unbedeckt, also lesbar (im Gegensatz zu KÖRKARLEN). Das hermetische der Personifikation wird gleich zu Beginn durch Gefühlsregungen, vor allem aber durch den pointierten reflexiven Humor der Figur durchbrochen. So bemerkt der Schnitter nach der Zulosung der schwarzen Schachfiguren, wie gut sich das träfe, schließlich liebe er schwarz. Als der Ritter ihn bei der nächsten Partie warten lässt, thematisiert der Tod seinen Zeitdruck, Block kommentiert knapp: „In diesen Zeiten gibt es viel zu tun für dich.“ Gar zur Groteske gerät der Tod von Skat: Aus Angst vor Geistern will er die Nacht im Wald auf einem Baum verbringen, doch unten sägt der Tod bereits an seinem Stamm. „Wer bist du?“, fragt Skat erstaunt. „Deine Zeit ist um“, antwortet der Tod. Skat beginnt zu verhandeln, verweist auf seine Vorstellung, die er noch zu geben hat. Darauf der Tod lakonisch: „Die fällt aus. Wegen eines Trauerfalls.“ Kaum ist der Baum gefallen, klettert ein Eichhörnchen auf den Stumpf. Die Ironie des personifizierten Todes doppelt sich hier in der Mise-en-scène, hatte Skat doch kurz davor bemerkt: „Der Teufel soll mich holen.“ Bergman verweist mit dem Bild des Eichhörnchens auf das Symboldenken des christlichen Mittelalters, wonach das Tier wegen seiner blitzschnellen Gewandtheit und seiner roten Färbung als Synonym für den Teufel gebraucht wurde (Abb. 18).[178]

Bergman übersetzt die Struktur der Sympathie für die Figur des Schnitters in diese ironisch-lakonischen Brechungen, die gleichzeitig die Überlegenheit des Todes in jeder Situation konstituieren. Der personifizierte Tod hier ist ein emanzipierter und humorvoller. Seine Souveränität zeigt sich nicht nur in der reflexiven Ironie über seine piktoriale Allegorik, sondern sie inszeniert sich ebenso über die Omnipräsenz des Todes durch Platzhalter sowie über das arbiträre seiner Auftritte. Im Gegensatz zu den anderen Figuren wechselt der Schnitter seine Stimmungen im Verlauf der Erzählung. Er zeigt sich gut und

[178] Vgl. Herder (1978): Lexikon der Symbole. Freiburg. S. 40

schlecht gelaunt, grausam (beim Scheiterhaufen), schlitzohrig (im Beichtstuhl) oder albern (als Baumfäller). Kurz: Während das Ensemble als Emblem in der Narration keine Variation erfährt, erhält die Figur des personifizierten Todes von Bergman nach und nach eine facettenreiche individuelle Psychologie.

H. Schlussbetrachtung und Fazit

I. Die Figur des personifizierten Todes als intertextuelle Allegorie

Im Zentrum dieser Studie stand die Figur des personifizierten Todes im Spielfilm. Ausgehend von der These, sie oszilliere zwischen narrativen Parametern und ihrer tradierten Allegorik, erfolgte die Argumentation von einem narratologischen Standpunkt aus. Im Fokus standen zunächst Konzepte zur Theorie der filmischen Figur, wie sie etwa Murray Smith formulierte, sowie gattungs- und formgeschichtliche Aspekte der Allegorie. So gesehen war eine Prämisse der Analyse bereits unausgesprochen vorformuliert: Mit der Figur des personifizierten Todes als Akteur reihen sich die drei Werke quasi *intertextuell* in eine Tradition ein, die mit der mittelalterlichen Bildfindung des Totentanzes ihren Ursprung nahm. Intertextualität soll hier im Sinne Wulffs verstanden werden:

> „Die intertextuellen Beziehungen von Texten haben unmittelbar mit der Konstitution und Absicherung von ‚Sinn' zu tun. Intertextualität ist eine der symbolischen Manifestationen der Intersubjektivität des Sinns: Weil ein Film sich auf ein immergleiches Grundkonzept zurückzieht, läßt sich der Prozeß der Sinnzuschreibung resp. der Aushandlung des Sinns eines Textes abkürzen, er ist in den Genre- und anderen intertextuellen Bezügen schon vorinterpretiert. Vor allem Genre- und Motivstrukturen lassen sich lesen als eine Spur, die auf die Interpretationsgemeinschaft zurückweist, vor deren Hintergrund erst ein Text verstanden und angeeignet werden kann."[179]

Das Verständnis der Allegorie[180] und das motivgeschichtliche Wissen über den Totentanz konstituieren also Bedeutung. Wie die Analyse der Figur des personifizierten Todes in den drei Beispielen zeigte, generiert sich diese Sinnzuschreibung über alle Ebenen des filmischen Aussagens. Im Folgenden sollen die zentralen Ergebnisse der Analysen nochmals aufgefächert und losgelöst von den Einzelbeispielen zusammengefasst werden.

---

[179] Wulff, Hans J. (1999): *Darstellen und Mitteilen. Elemente der Pragmasemiotik des Films*. Narr. Tübingen. S. 257.

[180] Die Allegorie unterlag in den Bildenden Künsten vom 18. Jahrhundert bis zur Postmoderne dem Anspruch der Allgemeinverständlichkeit. Vgl. Grummt, Christina (2001): *Adolph Menzel. Zwischen Kunst und Konvention. Die Allegorie in der Adressenkunst des 19. Jahrhunderts*. Reimer. Berlin. S. 320.

II. Tradierte Insignien und ihre Funktion in der Mise-en-scène

Alle drei Beispiele verwenden, wie beschrieben, in ihrer Mise-en-scène tradierte Symbole des Todes wie Stundenglas, Sense oder Schachbrett. Die direkte Verständlichkeit hätte Rudolf Arnheim über die Filme vielleicht ähnlich urteilen lassen wie über Granowskys LIED VOM LEBEN:

> „Granowsky verwendet im ‚Lied vom Leben' Symbole, die geschmacklos und kitschig wirken: Skelette, Sanduhr, Menschen in Tierkäfigen. Symbole sind für das öffentliche Leben nützlich, aber in der Kunst ersetzen sie den ‚Einfall' nicht. Denn der Künstler muß sich selbst seine Symbole schaffen, und solche Symbole nennt man nicht Symbole."[181]

Es ist sein Wunsch nach Film als einer lebendigen Kunst, der ihn so vehement ins Gericht gehen lässt. Und Symbole sind seiner Meinung nach kein Kunstmittel, weil das zu veranschaulichende Motiv dabei schon abgenutzt ist: „Gerade die in der Massenfabrikation üblichen festen Klischees haben wir unkünstlerisch genannt."[182] Allerdings spart Arnheim an dieser Stelle das *Wie* der Verwendung aus. Wenn bei KÖRKARLEN die Kutsche mit den Rappen in einer Überblendung über das Meer fährt oder in DER MÜDE TOD nicht einfach das Stundenglas, sondern die Projektion des Glases auf die Tischfläche fällt, so greifen Sjöström und Lang zwar auf diese „abgenutzten" Symbole zurück, erfinden sie aber dennoch mit den Möglichkeiten des Films neu. Damit bedienen sie sich nur bedingt der Klischees. So ist die Phantasmagorie der Sanduhr vor den Augen des Mädchens ein polysemisches Zeichen: die Konnotation beschränkt sich nicht nur auf das Verrinnen der Lebenszeit, sondern durch die Exklusivität seiner Sichtbarkeit für die junge Frau (und den Rezipienten) verweist es auf weitere Ebenen:

> „Objekt- und Alltagswissen über die Nutzungskontexte von Objekten ist ebenso Material für die filmische Ennunziation wie Wissen über filmische Genres, Motive oder Prinzipien der filmischen Auflösung."[183]

Folglich schließt die Verwendung der tradierten Symbole an diese Überlegungen von Wulff an.

---

[181] Arnheim, Rudolf (2002 [1932]): *Film als Kunst*. Frankfurt. S. 185.

[182] Ebd.

[183] Wulff, Hans J. (1999): *Darstellen und Mitteilen. Elemente der Pragmasemiotik des Films*. Narr. Tübingen. S. 259.

III. Stilistische Formen allegorischer Räume: Blende und Doppelbelichtung

Tradierte Symbole erhalten durch ihre spezifische filmische Stilistik neue Interpretationsmöglichkeiten oder werden Teil eines weiter gefassten Bedeutungszusammenhangs. Jene tiefere Schicht, die dadurch unter der filmischen Oberfläche evoziert wird, markiert sich, wie gesehen, häufig durch das Mittel der Blende und der Überblendung. In den Worten Tom Gunnings: Der Gebrauch der Überblende verkörpert eine allegorische Vision, die die Dinge in ihrem Kern offenbart.[184] Dem Mittel des Blendens resp. des Überblendens spricht Gunning demzufolge eine semiotische Qualität zu. Zum selben Schluss kommt Hans J. Wulff, wenn er feststellt:

> „Für die filmische Signifikation ist der Schnitt ebenso wenig wie die Blenden eine Bruchstelle zwischen Einstellungen; insbesondere die Blenden sind nicht kontingent und auch kein störender Einbruch der Bildkontinuität, sondern ein spezifisches Mittel, die Form des Ausdrucks zu artikulieren, auf die Gemachtheit der Bilder zu reflektieren und der filmischen Rede eine ganz eigene fast metasprachliche Qualität zu geben."[185]

Wie die Analyse zeigte, können die Überblendungen bzw. Doppelbelichtungen meist direkt auf die Figur des personifizierten Todes rückbezogen werden, bilden also ein wesentliches Merkmal ihrer Konstitution. Diese Beobachtung korrespondiert mit Überlegungen Wulffs:

> „Manchmal sind Blenden Operationen am unmittelbaren Material der Bilder, sie in Beziehung zueinander setzend, so dass sie Überraschungen, Metonymien oder auch Symbole bilden. Manchmal verbinden Blenden makrostrukturelle Einheiten des Textes – Erinnerungsblöcke, imaginierte Sequenzen, neuerdings sogar ganze Realitäten."[186]

Im Prinzip zeigt sich das Changieren zwischen zwei Realitäten, markiert durch Überblendung, in KÖRKARLEN in Reinform: die Figur des Schnitters zeigt sich dort nur in Doppelbelichtung, auch ihre Aktionen werden stets mit

---

[184] Vgl. Gunning, Tom (2000): *The Films of Fritz Lang. Allegories of Vision and Modernity*. London. S. 27.

[185] Wulff, Hans J. (2001): Visuelle Reflexivität, Transition, Punkturierung. Blenden und Überblendungen als Mittel der filmischen Rede. In: Frieß, Jörg/Hartmann, Britta et al [Hrsg]: *Nicht allein das Laufbild auf der Leinwand. Strukturen des Films als Erlebnispotentiale*. Vistas. Berlin. S. 139-159.

[186] Ebd., S. 148.

einer Überblendung markiert. Die Überwelt verbindet sich so – auf etwas paradoxe Weise: intradiegetisch – mit dem Diesseits. Ein historisches Moment liegt selbstredend in dem ursprünglich magischen „Impuls, der mit der Überblendung verbunden war“[187] und sich dramaturgisch hier äußerst effektvoll inszeniert findet.

Die Idee der Blende als Operation am unmittelbaren Material der Bilder kann aber auch als eine Art Allegorie-Signal gedeutet werden. Zur Erinnerung: Bei der Allegorie (im Sinne einer rhetorischen Trope) wird der eigentliche Sinnzusammenhang und sein ausgedehnter Ausdruck durch einen anderen Sinnzusammenhang samt Ausdruck, der mit ihm in einer Ähnlichkeitsbeziehung steht, ersetzt.[188] Nach dieser Definition ist die Allegorie gleichsam als ausgedehnte Metapher anzusehen, die nicht nur – punktuell – einen Ausdruck durch einen anderen ersetzt, sondern ganze (uneigentlich gemeinte und sprachlich realisierte) Sinnzusammenhänge für das eigentlich Gemeinte stehen lässt. Konstitutiv markiert werden solche Sinnzusammenhänge im Film also unter anderem durch Blenden, Überblendungen und Doppelbelichtungen. Folglich ist aber der semantische Wert nicht auf das Mittel der Blende selbst zu beziehen, „sondern leitet sich ab aus der Konzentration auf das, von dem die Rede ist.“[189]

IV. Reflexivität/ ironische Brechungen/ temporale Struktur

Lenkt die Blende formal den Blick auf ein „Dahinter“ der Komposition, reflektieren alle drei Filme auch in ihrer temporalen Struktur eine ähnliche Doppelung des Sinns. In DER MÜDE TOD strukturiert die Figur des Nachtwächters die erzählte Zeit. Gleichzeitig suggeriert der Schnitt bzw. die Blende auf die Uhr vor und nach dem Erlebnis des Mädchens im Jenseits das Relative der (filmischen) Zeit. KÖRKARLEN umspielt das Motiv mit komplizierter Rückblenden-Technik und einer finalen Rettungs-Montage. Mythologisch motiviert nimmt Bergman dagegen in DET SJUNDE INSEGLET ein reflexives Moment der tempo-

[187] Ebd., S. 150.

[188] Spörl, Uwe (2004): Basislexikon der Literaturwissenschaft. UTB. S.105 ff.

[189] Wulff, Hans J. (2001): Visuelle Reflexivität, Transition, Punkturierung. Blenden und Überblendungen als Mittel der filmischen Rede. In: Frieß, Jörg/Hartmann, Britta et al

ralen Struktur, wenn er zu Beginn des Films die Stimme aus dem Off aus der *Offenbarung* lesen lässt. Hier heißt es: „Und als das Lamm das siebte Siegel öffnete, trat eine Stille im Himmel ein, wohl eine halbe Stunde lang". Danach erst beginnt die Narration. Wenn am Ende der personifizierte Tod die Burg betritt, liest Karin, die Frau des Ritters Antonius Block, just an der Stelle weiter, wo der Prolog endete. So gesehen setzt Bergman der biblischen halben Stunde seine 92 Minuten der filmischen Zeit entgegen, wenn er die Anfangs- und die Schlusssequenz aufeinander bezieht. Alle drei Filme spielen also mit der Möglichkeit des Kinos, Zeit spezifisch zu strukturieren, indem die Linearität der Erzählung aufgebrochen wird.

V. Die Ikonographie der Figur, ihre Sympathiestruktur und die textuelle Referenz der Körperlichkeit

Wie die Analyse zeigte, setzen alle drei Beispiele bei der Figur des personifizierten Todes auf ein kunsthistorisch bereits eingeführtes Personenschema, das aber in ganz unterschiedlicher Weise variiert wird. Mit den von Murray Smith zur Sympathiestruktur erarbeiteten Parametern konnte gezeigt werden, dass sich das Personenschema jeweils im Laufe der Narration individualisiert. Es handelt sich also – anders als im kunsthistorischen Vorbild – bei der Figur des personifizierten Todes um ein dynamisches Modell. Gleichwohl setzen intertextuelle Verweise immer wieder den Bezug zum Rahmenthema des Totentanzes. Die Dynamik der Figurenkonstruktion drückt sich vornehmlich über die Zuschreibung von Charaktereigenschaften und Emotionen aus, die letztendlich ein positives Bild des Schnitters vermitteln und somit Empathie ermöglichen. Etwa, wenn der Tod bei Lang seines Amtes überdrüssig ist oder der Fuhrmann bei Sjöström dem Büßer eine zweite Chance gewährt. Deutlich ironisch inszeniert Bergman seine Figur des Todes, bezieht aber am häufigsten und explizit immer wieder ihre Intertextualität (das Schachspiel des Todes mit dem Ritter, der Schnitter als Mönch oder auch in Person des Holzfällers) mit ein.

[Hrsg]: *Nicht allein das Laufbild auf der Leinwand. Strukturen des Films als Erlebnispotentiale*. Vistas. Berlin. S. 156.

Die äußerliche Ausgestaltung der Figur ist in allen drei Beispielen ähnlich und verweist deutlich auf kunsthistorische Vorbilder. Umhüllt dort jedoch der schwarze Mantel oder Umhang meist ein Hautskelett, füllen hier markante Körper die Figur. Die Physiognomie der tradierten Todes-Figur – der Schädel und das Skelett – deuten die Filme um. Verstärkt wird dadurch die bereits attestierte Dynamik des eigenen medienspezifischen Personenschemas. Gleichzeitig ermöglicht die individualisierte Physiognomie erst die Interaktion innerhalb des Figurengeflechts, aber auch gegenüber dem Rezipienten. Sie ist also ebenfalls Teil der Empathie-Struktur. Dazu Murray Smith: „Bei den grundlegenden Emotionen ist der Gesichtsausdruck selbst eine mächtige Determinante, die hochspezifische Emotionen hervorruft."[190]

Die Frage, ob die Figur des personifizierten Todes im Laufe der Handlung ansatzweise eine „intellektuelle Physiognomie" im Sinne Ecos zu gewinnen vermag, kann schlussendlich beantwortet werden: Wie beschrieben, individualisiert sich die Figur zwar und wird in ein dynamisches Figurenmodell überführt, umkleidet ihre Abstraktheit mit Unmittelbarkeit, doch ganz löst sie sich nicht aus ihrer tradierten Allegorik. Sie lässt sich nur teilweise in ihren Motiven fassen. Indem temporale Gesetze außer Kraft gesetzt werden, Auftritte plötzlich und unmotiviert geschehen sowie Phantasmagorien erscheinen – in all diesen Inszenierungsstrategien bleibt der Figur ein enigmatischer Rest.

Als Fazit zeigt sich: Das Erleben der Figur des personifizierten Todes geht im Film über eine bloße rationale Entschlüsselung der textuellen Allegorik, die indes erhalten bleibt, hinaus. Das Kino erreicht diese Momente der Unmittelbarkeit mit dem Medium immanenten Mitteln. Denn anders als im kunsthistorischen Vorbild handelt es sich beim personifizierten Tod im Spielfilm um ein dynamisches Figurenmodell, anders als im literarischen Text um einen sichtbaren Körper. Wie die Analyse zeigte, macht dabei vor allem die individualisierte Physiognomie der Figur des Schnitters einen wesentlichen Teil der Empathie-Struktur aus. Die Dimension des Somatischen bildet demnach eine zentrale Differenzqualität zur tradierten, rein textuellen Figur des personifizierten Todes.

---

[190] Smith, Murray (2005): Wer hat Angst vor Charles Darwin? Die Filmkunst im Zeitalter der Evolution. In: Brütsch, Matthias/ Hediger, Vinzenz et al. [Hrsg]: *Kinogefühle. Emotionalität und Film*. S. 298.

Literaturverzeichnis

Alt, Peter-André (1995): *Begriffsbilder. Studien zur literarischen Form der Allegorie zwischen Opitz und Schiller.* Tübingen.

Anderson, Lindsay (1972 [1957]): The Seventh Seal. Edinburgh Film Festival Catalogue. Reprint in Steene, Birgitta [Hrsg]: *Focus on The Seventh Seal.* Spectrum New York.

Arabatzis, Stavros (1998): *Allegorie und Symbol. Untersuchung zu Walter Benjamins Auffassung des Allegorischen in ihrer Bedeutung für das Verständnis von Werken der Bildenden Kunst und Literatur.* Regensburg.

Arnheim, Rudolf (2002 [1932]): *Film als Kunst.* Frankfurt.

Arnheim, Rudolf (2004): *Die Seele in der Silberschicht. Medientheoretische Texte. Photographie-Film-Rundfunk.* Frankfurt.

Balázs, Béla (2001 [1924]): *Der sichtbare Mensch oder die Kultur des Films.* Suhrkamp. Frankfurt.

Balázs, Béla (2001 [1930]): *Der Geist des Films.* Suhrkamp. Frankfurt.

Balázs, Béla (1949): *Der Film. Werden und Wesen einer neuen Kunst.* Wien.

Barthes, Roland (1964): *Mythen des Alltags.* Suhrkamp. Frankfurt.

Becker, Jochen (1992): Ursprung sowie Zerstörung: Sinnbild und Sinngebung bei Warburg und Benjamin. In: Reijen, Willem van [Hrsg]: *Allegorie und Melancholie.* Suhrkamp. Frankfurt a.M.

Benjamin, Walter (1980): *Gesammelte Schriften V.* Frankfurt am Main.

Benjamin, Walter (1990): *Charles Baudelaire. Ein Lyriker im Zeitalter des Hochkapitalismus.* Hrsg. von Tiedemann, Rolf. Frankfurt a.M.; 5. Auflage.

Betzonich-Wilken, Per (1986): *Das Reich des Verborgenen. Über Möglichkeiten und Grenzen des Dialogs mit besonderer Berücksichtigung der Filmsituation.* Verlag Brockmeyer. Bochum.

Björkman Stig (1976): *Bergman über Bergman. Interviews mit Ingmar Bergman über das Filmemachen*. Hanser München.

Blüher, Dominique (1999): Französische Ansätze zur Analyse der filmischen Figur – André Gardies, Marc Vernet, Nicole Brenez. In: Heller, Heinz/Prümm, Karl et al. [Hrsg.]: *Der Körper im Bild: Schauspielen – Darstellen – Erscheinen*. Marburg.

Böhme, Hartmut (1997): Aby M. Warburg. In: Michaels, Axel [Hrsg]: *Klassiker der Religionswissenschaft. Von Friedrich Schleiermacher bis Mircea Eliade*. München.

Bordwell, David (1985): *Narration in the Fiction Film*. Madison. London.

Bordwell, David (1989): *Making Meaning. Inference and Rhetoric in the Interpretation of Cinema*. Cambridge (Mass.).

Bordwell, David/Thompson, Kristin (1997 [1979]): *Film Art. An Introduction*. New York.

Bragg, Melvyn (1993): *The Seventh Seal*. BFI. London.

Brinckmann, Christine Noll- (1997): Das Gesicht hinter der Scheibe. In: *Die anthropomorphe Kamera und andere Schriften zur filmischen Narration*. Chronos Verlag. Zürich.

Brodersen, Momme (2001): *Siegfried Kracauer*. Hamburg. Rowohlt.

Bruno, Giuliana (2002): *Atlas of Emotions. Journeys in Art, Architecture, and Film*. New York.

Carroll, Noël (1999): Film, Emotion and Genre. In: Plantinga, Carl/Smith Greg M. [Hrsg.]: *Passionate Views. Film, Cognition, and Emotion*. London. S. 21-47.

Caruso, Igor (1974): *Die Trennung der Liebenden*. München.

Cheney, Liana (1991): *The Symbolism of Vanitas in the Arts, Literature, and Music: Comparative and Historical Studies (Studies in Comparative Literature)*. Lewiston. Mellen.

Clair, René (1995 [1951]): *Kino. Vom Stummfilm zum Tonfilm*. Zürich.

Cosacchi, Stephan (1965): *Makabertanz. Der Totentanz in Kunst, Poesie und Brauchtum des Mittelalters*. Verlag A. Hain. Meisenheim.

Cowie, Peter (1970): *Swedish 2. A comprehensive assessment of the themes, trends, and directors in Swedish Cinema*. Stockholm.

Cowie, Peter (1982): *Ingmar Bergman. A Critical Biography*. London.

Cowie, Peter (1985): *Swedish Cinema. From Ingeborg Holm to Fanny and Alexander*. Stockholm.

De Man, Paul (1979): *Allegories of Reading. Figural Language in Rousseau, Nietzsche, Rilke and Proust*. New Haven. London.

Diederichs, Helmut H. (2001): „Ihr müßt etwas von guter Filmkunst verstehen". Béla Balázs als Filmtheoretiker und Medienpädagoge. In: Balázs, Béla: *Der sichtbare Mensch*. Frankfurt.

Eberlein, Johann Konrad (1996): Inhalt und Gehalt: Die ikonographisch-ikonologische Methode. In: Belting, Hans et al. (Hrsg.): *Kunstgeschichte. Eine Einführung*. 5. überarbeitete Auflage, Dietrich Reimer Verlag. Berlin.

Eco, Umberto (1986): Die praktische Anwendung der literarischen Person. In: *Apokalyptiker und Integrierte*. Frankfurt.

Eco, Umberto (1992): *Die Grenzen der Interpretation*. München.

Elsaesser, Thomas (2002): *Filmgeschichte und frühes Kino. Archäologie eines Medienwandels*. Edition Text und Kritik. München.

Elsaesser, Thomas/Wedel, Michael [Hrsg] (2002): *Kino der Kaiserzeit. Zwischen Tradition und Moderne*. Edition Text und Kritik. München.

Fletcher, Angus (1964): *Allegory. The Theory of a Symbolic Mode*. Ithaca.

Forster, Edward M. (1947 [1927]): *Ansichten des Romans*. Frankfurt a.M.

Freytag, Wibke (1992): Allegorie, Allegorese. In: Ueding, Gert (Hg.): *Historisches Wörterbuch der Rhetorik*. Bd. 1. Tübingen.

Friedell, Egon (1992 [1913]): Prolog vor dem Film. In: Schweinitz, Jörg [Hrsg]: *Prolog vor dem Film. Nachdenken über ein neues Medium 1909-1914*. Leipzig.

Gadamer, Hans Georg (1975): *Wahrheit und Methode. Grundzüge einer philosophischen Hermeneutik*. Tübingen.

Geisenhanslüke, Achim (2003): *Der Buchstabe des Geistes. Postfigurationen der Allegorie von Bunyan zu Nietzsche*.Fink-Verlag. München.

van Gennep, Arnold (1986): *Übergangsriten (Les rites de passage)*. Frankfurt/New York. Campus.

Genette, Gérard (1994): *Die Erzählung*. Fink-Verlag. München.

Gombrich, Ernst H. (1970): *Aby Warburg. Eine intellektuelle Biographie*. Hamburg.

Grummt, Christina (2001): *Adolph Menzel. Zwischen Kunst und Konvention. Die Allegorie in der Adressenkunst des 19. Jahrhunderts*. Reimer. Berlin.

Gunning, Tom (2000): *The films of Fritz Lang. Allegories of Vision and Modernity*. BFI. London.

Hamon, Philippe (1977): Pour un statut sémiologique du personnage. In: Genette/Todorov [Hrsg.] : *Poétique du récit*. Paris.

Harrington, John (1973): *The Rhetoric of Film*. Holt, Rinehart & Winston. New York.

Haug, Walter (1979) [Hrsg]: *Formen und Funktionen der Allegorie. Symposium Wolfenbüttel 1979*. Stuttgart.

Kaemmerling, E. [Hrsg]: *Ikonographie und Ikonologie. Theorie-Entwicklung-Probleme. Bildende Kunst als Zeichensystem*. Bd. 1. Köln.

Kahl, Michael (1992): Der Begriff der Allegorie in Benjamins Trauerspielbuch und im Werk Paul de Mans. In: Reijen, Willem van [Hrsg.]: *Allegorie und Melancholie*. S. 292-317. Frankfurt.

Kaiser, Gert (1982): *Der tanzende Tod. Mittelalterliche Totentänze*. Frankfurt a. M.

Karpf, Ernst [Hrsg] (1993): *Kino und Tod. Zur filmischen Inszenierung von Vergänglichkeit. Arnoldshainer Filmgespräche*. Bd. 10. Schüren. Marburg.

Kasten, Friedrich [Hrsg] (1988): *Totentanz. Kontinuität und Wandel eines Bildthemas vom Mittelalter bis heute. Katalog zur Ausstellung des Mannheimer Kunstvereins*. Mannheim.

Ketcham, Charles (1986): *The Influence of Existentialism on Ingmar Bergman. An Analysis of the Theological Ideas Shaping a Filmmaker's Art*. Lewiston/ Queenston.

Kiening, Christian (2003): *Das andere Selbst. Figuren des Todes an der Schwelle zur Neuzeit*. Wilhelm Fink Verlag. München.

Knaller, Susanne (2003): *Zeitgenössische Allegorien – Literatur, Kunst, Theorie*. Fink. München.

Koch, Gertrud (1996): Kracauer zur Einführung. Junius. Hamburg.

Koch, Marion (1995): *Salomes Schleier. Eine andere Kulturgeschichte des Tanzes*. Hamburg.

Kötz, Michael (1986): *Der Traum, die Sehnsucht und das Kino. Film und die Wirklichkeit des Imaginären*. Syndikat. Frankfurt a.M.

Kracauer, Siegfried (1933): *Neue Filmbücher*. In: Arnheim, Rudolf (2002): *Film als Kunst*. Frankfurt.

Kracauer, Siegfried (1984 [1947]): *Von Caligari zu Hitler*. 4. Auflage. Frankfurt.

Kracauer, Siegfried (1985 [1964]): *Theorie des Films. Die Errettung der äußeren Wirklichkeit*. Frankfurt.

Kurz, Gerhard (1978): Zu einer Hermeneutik der literarischen Allegorie. In: Haug, Walter [Hrsg]: *Formen und Funktionen der Allegorie*. Stuttgart

Kurz, Gerhard (1993): *Metapher, Allegorie, Symbol*. Göttingen.

Lauder, Robert (1989): *God, Death, Art and Love. The Philosophical Vision on Ingmar Bergman*. New York/New Jersey.

Laumont, Christof (1997): *Jeder Gedanke als sichtbare Gestalt: Formen und Funktionen der Allegorie in der Erzähldichtung Conrad Ferdinand Meyers*. Göttingen.

Lausberg, Heinrich (1960): *Handbuch der literarischen Rhetorik*. München.

Lavin, Irving (1994 [1992]): Panofskys Humor. In: von Reudenbach, Bruno [Hrsg.]: *Erwin Panofsky. Beiträge des Symposiums Hamburg 1992*. Berlin.

Levin, Thomas Y. (1989): *Siegfried Kracauer. Eine Bibliographie seiner Schriften*. Marbach a.N.

Levin, Thomas Y. (1996): *Iconology at the Movies: Panofsky's Film Theory*. In: The Yale Journal of Criticism. Volume 9, Number 1. S. 27-55.

Loewy, Hanno (2001): *Die Geister des Films. Balázs' Berliner Aufbrüche im Kontext*. In: Balázs, Béla: Der sichtbare Mensch. Frankfurt.

Loewy, Hanno (2003): *Medium und Initiation. Béla Balázs: Märchen, Ästhetik, Kino*. Berlin. Vorwerk.

Lohmeier, Anke Marie (1996): *Hermeneutische Theorie des Films*. Niemeyer. Tübingen.

Lukács, Georg (1911): Gedanken zu einer Ästhetik des „Kino". In: Schweinitz, Jörg [Hrsg] (1992): *Prolog vor dem Film. Nachdenken über ein neues Medium. 1909-1914*. Reclam. Leipzig.

Morin, Edgar (1958): *Der Mensch und das Kino. Eine anthropologische Untersuchung*. Klett. Stuttgart.

Musil, Robert (1925): Ansätze zu neuer Ästhetik. Bemerkungen über eine Dramaturgie des Films. In: Balázs, Bela: *Der sichtbare Mensch*. Frankfurt 2001.

Münsterberg, Hugo (1996 [1916]): *Das Lichtspiel. Eine psychologische Studie [1916] und andere Schriften zum Kino*. Hrsg. von Schweinitz, Jörg. Wien.

Niklewski, Günter (1979): *Versuch über Symbol und Allegorie. Winckelmann – Moritz – Schelling*. Erlanger Studien. Bd. 21. Nürnberg/Erlangen.

Panofsky, Erwin (1993 [1936/1943]): Stil und Medium im Film. In: Raulff, Helga [Hrsg.]: *Die ideologischen Vorläufer des Rolls-Royce-Kühlers & Stil und Medium im Film*. Frankfurt a.M./ New York.

Panofsky, Erwin (1975 [1955]): *Sinn und Deutung in der bildenden Kunst (Meaning in the Visual Arts)*. Dumont-Schauberg. Köln.

Panofsky, Erwin (1979 [1955]): Ikonographie und Ikonologie. In: Kaemmerling, E. [Hrsg]: *Ikonographie und Ikonologie. Theorie-Entwicklung-Probleme. Bildende Kunst als Zeichensystem.* Bd. 1. Köln.

Pfister, Manfred (1997 [1977]): *Das Drama.* München. Fink.

Prange, Regine (1992): Stil und Medium. Panofsky ‚On Movies'. In: von Reudenbach, Bruno [Hrsg.] (1994): *Erwin Panofsky. Beiträge des Symposiums Hamburg 1992.* Berlin.

Prümm, Karl (2002): *Epiphanie der Form. Rudolf Arnheims „Film als Kunst" im Kontext der zwanziger Jahre.* In: Arnheim, Rudolf (2002): Film als Kunst. Frankfurt.

Quintilianus, Marcus Fabius (1972-75): *Ausbildung eines Redners.* Übers. und hg. von Rahn, Helmut. Darmstadt.

van Reijen, Willem [Hrsg] (1992): *Allegorie und Melancholie.* Frankfurt.

Ritter, Joachim et al [Hrsg.] (1971): *Historisches Wörterbuch der Philosophie.* Darmstadt.

Rohmer, Eric (1972 [1958]): With The Seventh Seal Ingmar Bergman offers us his Faust. Reprint in Steene, Birgitta [Hrsg]: *Focus on The Seventh Seal.* Spectrum. New York.

Roloff, Volker (2003): Fascination Spéculaire. Figuren des Schweigens im Film. In: *Navigationen. Siegener Beiträge zur Medien- und Kulturwissenschaft.* Jahrgang 3, Heft 2. Schüren.

Rosenfeld, Hellmut (1968): *Der Mittelalterliche Totentanz. Entstehung, Entwicklung, Bedeutung.* Böhlau Verlag. Köln.

Schmitz, Norbert (1994): Zwischen 'Neuem Sehen' und 'Neuer Sachlichkeit': Der Einfluß der Kunstfotografie auf den Film der zwanziger Jahre. In: Cinema Quadrat [Hrsg]: *Gleissende Schatten: Kamerapioniere der zwanziger Jahre.* Mannheim.

Schönemann, Heide (1992): *Fritz Lang. Filmbilder-Vorbilder. Filmmuseum Potsdam.* Katalog zur Ausstellung. Potsdam.

Schweinitz, Jörg (1988): *Zu Grundlagen des filmtheoretischen Denkens Siegfried Kracauers.* In: Filmwissenschaftliche Beiträge. Hrsg. v. Hochschule für Film und Fernsehen der DDR „Konrad Wolf". Nr. 34, 29. Jahrgang. Berlin.

Schweinitz, Jörg [Hrsg] (1992): *Prolog vor dem Film. Nachdenken über ein neues Medium. 1909-1914*. Reclam. Leipzig.

Schweinitz, Jörg (1996): Schwierigkeiten mit Kracauer. Zu Edition und Rezeption der Filmschriften Siegfried Kracauers in Osteuropa. In: Volk, Andreas [Hrsg]: *Siegfried Kracauer. Zum Werk des Romanciers, Feuilletonisten, Architekten, Filmwissenschaftlers und Soziologen*. Seismo. Zürich.

Schweinitz, Jörg (2001): Das Stereotyp als filmkulturelle Sprachform. Theoriegeschichtliche Entdeckungen bei Gilbert Cohen-Séat und Edgar Morin. In: Frieß, Jörg/Hartmann, Britta et al [Hrsg]: *Nicht allein das Laufbild auf der Leinwand. Strukturen des Films als Erlebnispotentiale*. Vistas. Berlin.

Schweinitz, Jörg (2005): Die Ambivalenz des Augenscheins am Ende einer Affäre. Über Unzuverlässiges Erzählen, Doppelte Fokalisierung und die Kopräsenz narrativer Instanzen im Film. In: *Was stimmt denn jetzt? Unzuverlässiges Erzählen in Film und Literatur*. München: Edition Text + Kritik 2005.

Schweinitz, Jörg (2006): *Film und Stereotyp. Zur Geschichte eines Mediendiskurses*. Berlin.

Smith, Murray (1994): *Altered States: Character and Emotional Response in the Cinema*. In: Cinema Journal, 33.4.

Smith, Murray (1995): *Engaging Characters: Fiction, Emotion and the Cinema*. Oxford: Clarendon Press.

Smith, Murray (2005): Wer hat Angst vor Charles Darwin? Die Filmkunst im Zeitalter der Evolution. In: Brütsch, Matthias/ Hediger, Vinzenz et al. [Hrsg]: *Kinogefühle. Emotionalität und Film*. Marburg.

Steene, Birgitta [Hrsg] (1972): *Focus on The Seventh Seal*. Spectrum. New York.

Steinhagen, Harald (1979): Zu Walter Benjamins Begriff der Allegorie. In: Haug Walter [Hrsg]: *Formen und Funktionen der Allegorie*. Stuttgart.

Sturm, Georges (2001): *Die Circe, der Pfau und das Halbblut. Die Filme von Fritz Lang 1916-1921*. WVT. Trier.

Taylor, Henry/ Tröhler, Margrit (1999): Zu ein paar Facetten der menschlichen Figur im Spielfilm. In: Heinz B. Heller et al [Hrsg]: *Der Körper im Bild: Schauspiel-Darstellen-Erscheinen*. Marburg. Schüren.

Thal, Ortwin (1985): Realismus und Fiktion. Dortmund: Nowotny Verlag.

Tröhler, Margrit (2007): *Offene Welten ohne Helden. Plurale Figurenkonstellationen im Film*. Marburg.

Ueding, Gert [Hrsg] (1992): *Historisches Wörterbuch der Rhetorik. Allegorie, Allegorese*. Bd. 1; Tübingen.

Vonderau, Patrick (2000): *Geheime Verwandtschaften? Der „Schwedenfilm" und die Geschichte des Weimarer Kinos*. In: montage/ AV. Heft 9/2/00.

Werner, Gösta (1988): *Die Geschichte des schwedischen Films*. Frankfurt.

Wohlfeil, Rainer und Trudl (1986): Landsknechte im Bild, Überlegungen zur ‚Historischen Bildkunde', In: Peter Blickle [Hrsg.]: *Bauer, Reich und Reformation, Festschrift für Günther Franz*. Verlag Eugen Ulmer. Stuttgart.

Wollen, Peter (1997): *Compulsion*. In: Sight and Sound 7. S. 14-18.

Wollen, Peter (1998 [1969]): *Signs and Meanings in the Cinema*. BFI (expanded edition). London.

Wulff, Hans J. (1999): *Darstellen und Mitteilen. Elemente der Pragmasemiotik des Films*. Tübingen.

Wulff, Hans J. (2001): Visuelle Reflexivität, Transition, Punkturierung. Blenden und Überblendungen als Mittel der filmischen Rede. In: Frieß, Jörg/Hartmann, Britta et al [Hrsg]: *Nicht allein das Laufbild auf der Leinwand. Strukturen des Films als Erlebnispotentiale*. Vistas. Berlin.

Wunderlich, Uli (2001): *Der Tanz in den Tod. Totentänze vom Mittelalter bis zur Gegenwart*. Freiburg.

Wuss, Peter (1990): *Kunstwert des Films und Massencharakter des Mediums*. Berlin.

Wuss, Peter (1993): *Filmanalyse und Psychologie. Strukturen des Films im Wahrnehmungsprozess*. Berlin.

Filmographie

DER MÜDE TOD

Deutschland 1921
Regie: Fritz Lang
Kamera: Bruno Mondi, Erich Nitschmann et al.
Darsteller: Lil Dagover (das Mädchen)
Walter Janssen (Bräutigam)
Bernhard Goetzke (der Tod)

KÖRKARLEN (FUHRMANN DES TODES)

Schweden 1921
Regie: Victor Sjöström
Kamera: Julius Jaenzon
Darsteller: Victor Sjöström (David Holm)
Tore Svennberg (Georges)
Astrid Holm (Schwester Edit)

DET SJUNDE INSEGLET (DAS SIEBENTE SIEGEL)

Schweden 1956
Regie: Ingmar Bergman
Kamera: Gunnar Fischer
Darsteller: Max von Sydow (Antonius Block)
Bengt Ekerot (der Tod)
Gunnar Björnstrand (Knappe)
Bibi Andersson (Mia)

Abonnement

Hiermit abonniere ich die Reihe **Film- und Medienwissenschaft (ISSN 1866-3397),** herausgegeben von Irmbert Schenk und Hans Jürgen Wulff,

❐ ab Band # 1

❐ ab Band # ___

   ❐ Außerdem bestelle ich folgende der bereits erschienenen Bände:
   #___, ___, ___, ___, ___, ___, ___, ___, ___, ___, ___, ___

❐ ab der nächsten Neuerscheinung

   ❐ Außerdem bestelle ich folgende der bereits erschienenen Bände:
   #___, ___, ___, ___, ___, ___, ___, ___, ___, ___, ___, ___

❐ 1 Ausgabe pro Band   ODER   ❐ ___ Ausgaben pro Band

Bitte senden Sie meine Bücher zur versandkostenfreien Lieferung innerhalb Deutschlands an folgende Anschrift:

Vorname, Name: ________________________________

Straße, Hausnr.: ________________________________

PLZ, Ort: ________________________________

Tel. (für Rückfragen): ________________ *Datum, Unterschrift:* ________________

Zahlungsart

❐ *ich möchte per Rechnung zahlen*

❐ *ich möchte per Lastschrift zahlen*

bei Zahlung per Lastschrift bitte ausfüllen:

Kontoinhaber: ________________________________

Kreditinstitut: ________________________________

Kontonummer: ________________ Bankleitzahl: ________________

Hiermit ermächtige ich jederzeit widerruflich den *ibidem*-Verlag, die fälligen Zahlungen für mein Abonnement der Reihe **Film- und Medienwissenschaft** von meinem oben genannten Konto per Lastschrift abzubuchen.

Datum, Unterschrift: ________________________________

Abonnementformular entweder **per Fax** senden an: **0511 / 262 2201** oder 0711 / 800 1889
oder als **Brief** an: *ibidem*-Verlag, Julius-Leber Weg 11, 30457 Hannover oder
als **e-mail** an: **ibidem@ibidem-verlag.de**

***ibidem*-Verlag**
Melchiorstr. 15
D-70439 Stuttgart
info@ibidem-verlag.de

www.ibidem-verlag.de
www.ibidem.eu
www.edition-noema.de
www.autorenbetreuung.de

Zeitfracht Medien GmbH
Ferdinand-Jühlke-Straße 7
99095 Erfurt, Deutschland
produktsicherheit@kolibri360.de